RECLAM-BIBLIOTHEK

Neun französische Autoren erhellen in essayistischen Abhandlungen, wie von der Antike bis heute das jeweils offizielle oder in Opposition dagegen neu entstehende Menschenbild eines Kulturkreises normsetzend für die äußere Erscheinung wird – für die Art, sich zu kleiden, zu bewegen, zu sprechen. Das galt für den Ritter im Turnier, die Schöne zur Zeit der Renaissance in Italien, den puritanischen Bürger, und es gilt genauso für den zeitgenössischen Trendsetter. Dem anerkannten Image zu entsprechen, ist eine Frage sozialen Überlebens. »Die stete Besorgnis von Vater und Mutter, ob ihr Kind den Verhaltensstandard der eigenen oder gar einer höheren Schicht erreichen, ob es das Prestige der Familie aufrechterhalten oder vergrößern, ob es sich in den Ausscheidungskämpfen der eigenen Schicht bewähren werde ... Ängste dieser Art haben an der Regelung, der das Kind von klein auf unterworfen wird, an den Verboten, die ihm auferlegt werden, einen erheblichen Anteil.« (Norbert Elias, Über den Prozeß der Zivilisation)

Vom ewigen Zwang zu gefallen

Etikette und äußere Erscheinung

Herausgegeben von Olivier Burgelin
und Philippe Perrot

RECLAM VERLAG LEIPZIG

Aus dem Französischen

Übersetzt von U. Kunzmann, Th. Laux, H. Rost

Der Verlag dankt dem französischen Kultusministerium für seine finanzielle Beihilfe zur Übersetzung.

Übersetzung nach »Parure, pudeur, étiquette«, *Communications* 46

ISBN 3-379-01502-4

Reclam-Bibliothek Band 1502
1. Auflage, 1994
Reihengestaltung: Hans Peter Willberg
Umschlaggestaltung: Friederike Pondelik unter Verwendung einer Abbildung aus »Faces Fantasy Makeup«
Mit freundlicher Genehmigung der Kryolan GmbH, Berlin
Printed in Germany
Gesamtherstellung: Offizin Andersen Nexö Leipzig GmbH
Gesetzt aus Meridien

INHALT

JEAN-CLAUDE SCHMITT

Die Moral der Gesten

Von der römischen Antike bis zum Hochmittelalter

Seit dem berühmten Artikel, den Marcel Mauss den Techniken des Körpers[1] widmete, bezweifelt niemand mehr, daß die individuellen Gesten, Haltungen und Verhaltensweisen gesellschaftliche Errungenschaften sind, das Ergebnis ausdrücklicher oder unbewußter Lernprozesse und Anpassungen. Wenn sie trotzdem »natürlich« wirken, so deshalb, weil sie das Gemeingut einer ganzen Gesellschaft und einer Kultur sind, die man aus einer gewissen Distanz betrachten muß, damit man deren relativen Charakter erfassen kann (hierin bestand der Ausgangspunkt der von Mauss vorgenommenen Untersuchung); und diese Wirkung ist auch darauf zurückzuführen, daß sich die Gesten im Lauf der Zeit nur wenig entwickeln, ihre Veränderung vielmehr unmerklich vor sich geht: Wenn es also eine Geschichte von langer Dauer gibt, so ist es sicher die der Gesten. Eine derartige Beständigkeit – wenigstens auf der Ebene allgemeiner Beobachtungen – erklärt sich gewiß aus der Prägnanz der Erziehungsmodelle, überdies aus der Stabilität der Schemata, die Kulturen und Ideologien strukturieren, und aus der Widerstandskraft der Prinzipien, die als Grundlagen der Kodes und Normen dienen. Jede Kultur hat zweifellos solche Regeln, doch selten kann man deren Beständigkeit so klar wie in der Kultur des Abendlandes feststellen, in der Moral und Erziehung seit mindestens fünfundzwanzig Jahrhunderten der Schrift anvertraut werden. Einen Teil dieser Geschichte – von der stoischen Moral in Rom bis zu den Anfängen der Scholastik – möchte ich hier nachzeichnen, wobei ich mich besonders für die Vorstellungen von der Gestik und für die ethischen Werte interessiere, die in der Vergangenheit die Definition idealer gestischer Modelle angeregt haben. Dabei will ich deren teilweise unveränderliches Wesen, doch mit differenzierteren Untersuchungsmethoden auch deren Wandlungen herausarbeiten, die stets auf größere historische Umbrüche hinweisen.

Die allgemeinsten Kennzeichen des langen Nachdenkens über die Gestik sind die folgenden: Erstens sind diese Überlegungen im wesentlichen ethischer Natur; im Namen universaler Werte, die, den jeweiligen Epochen entsprechend, die menschliche Vernunft oder der Blick Gottes sein können, bemühen sie sich, eine gestische Norm zu definieren und zu sagen, welche Geste schicklich oder unschicklich ist. Zweitens wird die Geste als der körperliche und äußerliche *(foris) Ausdruck* der innerlichen *(intus)* Seele angesehen. Diese Auffassung von der Ausdruckskraft der Gesten (unabhängig von der philosophischen, religiösen oder psychologischen Identifikation ihres Referenten) und das ihr zugrunde liegende duale Menschenbild sind konstitutive Schemata der abendländischen Kultur, einschließlich der gegenwärtigen.[2] Drittens kann der Zusammenhang zwischen Leib und Seele, der gemäß der ethischen Tradition durch die Gesten hergestellt wird, zu einer Rückwirkung auf den Körper, zu einer Reglementierung der Gesten führen – der Gesten des Gebets oder allgemeinerer Verhaltensweisen –, die wiederum Einfluß auf die Seele ausüben und sie so mit den moralischen Normen in Einklang bringen: Diese Möglichkeit wird jedoch seltener veranschaulicht, und das in solchen Momenten, wenn das Nachdenken über die Gestik größere Intensität gewinnt.[3]

Denn die Reflexionen über die Gestik haben sich im

Lauf der Jahrhunderte verändert, zwar nicht in ihren Hauptthemen, wohl aber in ihrer Intensität. Ich habe den Eindruck gewonnen, daß der Wortschatz, wie so oft in der Geschichte, besonders aufschlußreiche Hinweise liefern kann, um die Fluktuationen dieser Überlegungen zu verfolgen. So etwa unterschied sich der Gebrauch des lateinischen Wortes *gestus*, das Körperbewegungen und -haltungen im allgemeinen und nicht nur diese oder jene besondere Geste bedeutet, vom klassischen Rom bis zur mittleren Periode des Mittelalters in seiner Häufigkeit sehr weitgehend, wobei dieser Gebrauch vor allem im Hochmittelalter stark zurücktrat. Damit dieses Wort benutzt werden konnte, war es nun aber notwendig, wie ich meine, daß die Geste »objektiviert«, als Gegenstand der Reflexion angesehen wurde: In der einfachen Beschreibung einer Handlung, in der Darstellung eines Sachverhalts, erwies es sich nicht als so unumgänglich wie in einem philosophischen oder moralischen Traktat, in dem die Geste dem Beobachter aus einer gewissen Distanz vorgeführt wurde. Eine derartige Distanz hat dem Hochmittelalter zweifellos gefehlt, als der spürbare Rückgang der klassischen Studien uns überdies das geistige Instrumentarium teilweise entzog, das im klassischen Zeitalter ermöglicht hatte, die Geste gedanklich zu erfassen. Vorerst beschäftige ich mich hier ausführlicher mit einem anderen Wort, mit *modestia**, das im allgemeinen mit *gestus* verbunden wird und dessen historisches Schicksal im großen und ganzen teilt, denn mir scheint, daß es seit der römischen Antike eine wesentliche Kategorie der Moral der Gestik ist. Da dieser Begriff das Maß bedeutet, das die rechte Mitte wahrt, bleibt er außerdem in unseren Anstandsregeln und Verhaltenskodes bis heute aktuell. Jede Übertreibung

* Mäßigung (d.Ü.)

vermeiden – *ne quid nimis* – »nichts im Übermaß!«: Dieses alte Delphische Gebot[4], das von Juvenal und vor allem von Terenz zitiert wird und das Macrobius[5] an das Mittelalter weitergibt, das Augustinus und dann Alkuin abermals verkünden, gelangte seit dem 12. Jahrhundert zu neuem Ansehen.[6] Seit damals hat es ununterbrochen als Bezugspunkt gedient.

Die Gesten und die »Pflichten« von Cicero bis Ambrosius

Im Wortschatz der Antike und des Mittelalters bedeutet *modestia* gewiß nicht oder nicht nur, was »modestie«* im Französischen ausdrückt. Das Wort ist im etymologischen Sinn aufzufassen: Seine Wurzel *modus* bedeutet (unter anderem) das Maß, das rechte Maß, dessen gewissenhafte Beachtung eine Tugend ist, die ja gerade *modestia* genannt wird. Für die klassischen und dann auch die christlichen Schriftsteller war *modestia* ein Synonym von *temperantia***, wenn es nicht eine Unterkategorie dieses Begriffs bildete. Bereits von Aristoteles wurde diese Tugend neben Tapferkeit und Gerechtigkeit genannt, ohne daß diese Aufzählung allerdings wie in Platons *Staat* die Form einer geordneten Zusammenstellung annahm.[7] Bei Cicero hingegen bilden die Tugenden, die er als Vierzahl vorstellt, ein tatsächliches System.[8] In *De officiis* will Cicero dem sich seinen Lehren widersetzenden Sohn die Prinzipien der stoischen Ethik einschärfen. Der junge Mann soll sich seiner »Pflichten« bewußt werden, jener, die seinem Alter und seinem Stand angemessen sind, damit er erreicht, was das Ziel eines sittlichen Lebens ist, das *honestum****, das »sittlich Schöne«. Hierfür brauche er ein

* Bescheidenheit (d.Ü.)
** Mäßigkeit (d.Ü.)
*** Das Ehrenhafte (d.Ü.)

geziemendes, schickliches Betragen *(decus)*, das darin bestehe, in der Gesellschaft den Geboten seiner natürlichen Vernunft zu folgen. Diese Moral schließt keine Transzendenz ein, sie ist vollständig gesellschaftlich geprägt und wird durch und für eine Klasse von Männern und vornehmen Bürgern für die Führung der Staatsangelegenheiten definiert.[9] Cicero erklärt, daß sich das »sittlich Schöne« aus vier »Tugenden« zusammensetze: *scientia*, der Erkenntnis der Wahrheit, der Klugheit und Weisheit; *beneficentia** oder *liberalitas***, dem Ideal der Gerechtigkeit, die dazu bewege, jedem das Seine zu gewähren und in Vertragsangelegenheiten verläßlich zu sein, damit die gesellschaftlichen Bindungen geschützt werden; *fortitudo*, der Seelenstärke und -größe, die bewirken, daß man die menschlichen Dinge geringachte; und *temperantia* oder *modestia*, die darin bestehen, »Ordnung und Maß bei allen Handlungen und Reden« zu halten. Wir sind hier nicht im Wirkungsbereich der »Gemütsbewegung« *(mentis agitatio)*, vielmehr in dem der »Handlung« *(actio)*, in der gesellschaftlichen Lebenssphäre des »freien Mannes«, dessen »Stetigkeit« und »Zurückhaltung« *(constantia, verecundia*; diese Begriffe sind gleichwertig) seine sittliche und staatsmännische Vollkommenheit offenbaren. Vor den Augen der anderen Römer und ihrem Urteil unterworfen, geben nun aber »die Bewegungen und Haltungen des Körpers«, »Haltung und Gang, die Art, wie man sich hinsetzt und bei Tische liegt, Miene und Blick sowie die Bewegungen der Hände«, »die Bewegung und die Gesten«[10] äußerlich wieder, welch vollkommenen Geist und welchen Edelmut jeder von ihnen besitzt. Die Gesten, wie etwa der Gang, dürfen nicht »zu lebhaft« und auch nicht »zu weichlich« oder

* Wohltätigkeit (d.Ü.)
** Freigebigkeit (d.Ü.)

»weibisch« sein; die einzige Regel sei die der rechten Mitte, darin liege die Tugend: *»mediocritas optima est«**[11]. Die Geste, der Schritt eines Senators …

In vielfacher Hinsicht dient dieser große Text als Grundlage, und das nicht nur für die römische Kultur. Ähnliche Begriffe finden sich bei Seneca wieder, der in seinem stoischen Verhaltensideal so weit ging, daß er das eigene Leben opferte. Äußern müsse sich dieses Ideal in »einem gemessenen Gang, einem ruhigen und ehrlichen Gesicht, einer dem vernünftigen Manne geziemenden Haltung«. *»Omnis in modo est virtus«*: »Alle Tugend hat ihr Maß.«[12]

Das System der vier Tugenden wurde von den letzten heidnischen Autoren noch weiter präzisiert, die eine bedeutende Rolle als Kulturvermittler spielten, weil sie das klassische Wissen zu einer Synthese vereinigten und es an die christliche Latinität weitergaben: So verzeichnet Macrobius – als er die Darstellung kommentiert, die Cicero im *Staat* vom Traum Scipios gibt, und als er diesen Traum mit dem Mythos von Er vergleicht, der Platons *Staat* beschließt –, daß die zwei Autoren den gleichen Vorsatz hatten, in die Geheimnisse des Wohnsitzes der Unsterblichkeit einzuweihen, der den edlen Seelen verheißen sei, jenen, die den Staat »mit Klugheit, Gerechtigkeit, Tapferkeit und Mäßigung«[13] regiert haben. Doch schon vor diesem Zeitpunkt hatten die Kirchenväter – Laktanz, Clemens von Alexandria, Origenes, Hieronymus – das System der vier Tugenden übernommen, die Ambrosius als erster »Kardinaltugenden« nennen sollte. Die Vereinigung dieser vier der heidnischen Weisheit entlehnten Tugenden und der drei eigentlich christlichen Tugenden, die bereits Paulus erwähnt[14] und die man »theologische Tugenden« nennen wird – Glaube, Hoffnung,

* »Der Mittelweg ist am besten.« (d.Ü.)

Liebe –, sollte die Grundlage der Moraltheologie der Kirche bilden, die im 12. Jahrhundert endgültig Gestalt annimmt. So ist *modestia* als eine eigenständige Tugend oder als eine Unterkategorie der Tugend *temperantia* innerhalb dieses Systems bei den Kirchenvätern zu neuem Ansehen gelangt.[15] Schon Tertullian empfiehlt am Anfang des 3. Jahrhunderts insbesondere den christlichen Frauen diese Tugend, die er mit *pudicitia** verbindet. Unbestreitbar ist es aber Ambrosius, der, als er in den Jahren 389/390 ausdrücklich den Titel und ganze Passagen aus Ciceros *De officiis* für seine eigene Abhandlung *De officiis ministrorum*** übernimmt, mit den Begriffen *modestia, temperantia* und vor allem *verecundia**** die christliche Tugend der Geste definiert hat.[16]

Viele Wesensmerkmale zeigen, daß das Werk des Ambrosius eine Bearbeitung der Schrift Ciceros ist: So empfiehlt er zum Beispiel, die Natur nachzuahmen, um in ihr die Regeln für »Zucht« und »Ehrenhaftigkeit« zu finden.[17] Doch wenigstens zwei Unterschiede treten deutlich hervor: Die Moral, die Ambrosius mit dem Wortschatz der Antike ausarbeitet, ist die christliche Moral, die nur in der Perspektive der zu sühnenden Erbsünde, der zu meidenden Tatsünde und des zu verdienenden Heils einen Sinn hat. Daher stimmt die Natur, die »der Bewegung ihre Form gibt«, nicht mehr lediglich mit der Vernunft und einer politischen Ordnung überein, die ihre Rechtfertigung aus sich selbst gewonnen hatte. Nicht die natürliche Vernunft an sich verbürgt für den ontologisch sündhaften Menschen die moralische Rechtschaffenheit:

* Schamhaftigkeit (d.Ü.)
** »Von den Pflichten der Kirchendiener« (d.Ü.)
*** Sittsamkeit (d.Ü.)

> Haftet wirklich der Natur ein Fehler an, mag »natürliche Geschicklichkeit« *(industria)* ihn beseitigen; Künstelei sei ausgeschlossen, nicht Abhilfe.[18]

Sehr bedeutsam ist auch der Begriff *verecundia*, der hier den Sinn des mit dem Fleisch und der sündigen Geschlechtslust verbundenen Schamgefühls annimmt: Das von Ambrosius gewählte Beispiel ist das der »Scham«, die Noah empfand, als er entdeckte, daß einer seiner Söhne über seine Nacktheit gelacht hatte, während er seinen Rausch ausschlief. Mit Ambrosius und Augustinus setzt sich nun die Idee durch, daß die eigentliche Hauptsünde, die Erbsünde, geschlechtlicher Natur sei. Umgekehrt sei die Jungfräulichkeit der Stand der Gnade; und in ihrem Musterbild, der Jungfrau Maria, entdeckt Ambrosius nicht nur den Spiegel aller Tugenden, sondern auch die Vollkommenheit der Gesten.[19]

Außerdem will Ambrosius nicht wie Cicero die Moral eines edlen Römers definieren, sondern junge Priester, zukünftige Bischöfe, für ihren kirchlichen Dienst ausbilden. Und auch hierbei kommt es auf die *verecundia* an, die der junge Kleriker »in Bewegung, Haltung und Gang« besitzen müsse. Die Güte seines Geistes wird nach seinem körperlichen Zustand beurteilt: »Durch die Körperbewegung spricht also gleichsam die Stimme des Geistes.«[20] Als Ambrosius sich direkt auf seine Erfahrung im Bischofsamt bezieht, erinnert er daran, daß er es abgelehnt hatte, einen Freund in den geistlichen Stand aufzunehmen, »weil seine Haltung so unziemlich war«; und daß er einem Kleriker verboten hatte, jemals an ihm vorüberzugehen, weil dessen Gang sein »Auge verletzte«: Er habe sich in seinem Urteil nicht getäuscht, denn der eine sei später der Häresie des Arius verfallen, und der andere habe der Versuchung des Geldes nachgegeben. Der »löbliche Gang« hingegen lasse »das Abbild der legitimen Autorität, das Gewicht der Würde, das Zeichen der Ruhe« erkennen[21]: Als gesellschaftliches Vorbild und auch als Träger der Macht ist der Bischof an die Stelle des Senators getreten ... Anderthalb Jahrhunderte später hat Ennodius († 521), der Bischof von Pavia, sich in diesem Punkt nicht geirrt: Als er in seinen Gedichten das Andenken des heiligen Bischofs von Mailand preist, lobt er ihn, weil er seine Schäflein »durch seine Gesten, seine Redlichkeit und seine Sittsamkeit«[22] unterwiesen habe.

Das Hochmittelalter: Die Bedeutung der Körpersprache tritt in den Hintergrund

Gleich nach Ambrosius entwickelt sich jedoch die Moral der Gestik sehr deutlich in eine andere historische Richtung. Die *De officiis* genannten Werke verändern ihr Wesen und werden liturgische Bücher, in denen die Beziehung zur Geste zwar ihre Bedeutung hat, indes nicht mehr spekulativer Art ist. Der Begriff *gestus* verschwindet nach und nach aus dem Wortschatz – ein Zeichen, daß die besondere Aufmerksamkeit, die man den Gesten entgegengebracht hatte, nun allmählich nachläßt. Auch darf angenommen werden, daß *gesta*, die Taten, die Gott durch die Hände der Menschen vollbringt, damals an die Stelle von *gestus* tritt: Dieser Terminus setzt eine relative Eigenständigkeit des menschlichen Handelns voraus, was in der Kirchenkultur des Hochmittelalters – von den Geschichtsannalen bis zur Liturgie – schwerlich akzeptiert werden konnte. Augustinus, der unmittelbare Schüler des Ambrosius, beschäftigt sich zwar lange mit den vier Tugenden, insbesondere mit Mäßigkeit und Maß, doch er redet kaum noch über die Gesten, zumindest nicht in diesem Zusammenhang.[23]

Mit den um 420/425 entstandenen *Einrichtungen der Klöster* und den *Gesprächen* des Cassianus, dem *Beschaulichen Leben* des Pomerius († gegen 490) und dann den *Moralia in Iob** (um 579/585) Gregors des Großen geht man entschieden zu einer Klosterliteratur über, die einen ganz anderen, asketischen Ton anschlägt. Ihr bemerkenswertester Wesenszug ist die Hervorhebung der Laster gegenüber den Tugenden, ohne daß man schon versucht – wie dies im 12. Jahrhundert der Fall sein wird –, die Begriffe dafür genau aufeinander abzustimmen. Im 6. Jahrhundert kommt es darauf an, die vielfältigen und heimtückischen Formen der Versuchung durch den Teufel und der Sünde aufzuzählen: Cassianus, der seine Kenntnisse während eines zwanzig Jahre dauernden Aufenthalts bei den Einsiedlern Ägyptens erworben hatte, brachte zweifellos von dort eine Aufstellung von acht Lastern mit, die bald von der damit konkurrierenden Gregors verdrängt wurde; Gregors Verzeichnis erscheint eher als eine schematische Darstellung, wie sieben Laster von ihrer »Mutter« *superbia*** gezeugt werden, und diese Darstellung ist der christlichen Selbstprüfung und den Bußübungen vollkommen angepaßt.[24] Welcher Platz nun wird in diesem Zusammenhang den Körperbewegungen zuerkannt?

Als bedeutsam erweist sich, daß all diese Autoren die körperlichen Gewohnheiten eher im Zusammenhang mit den Lastern – bei Pomerius der Völlerei, bei Cassianus der Unkeuschheit, bei Gregor dem Stolz – als in Verbindung mit den Tugenden des Maßes, der Mäßigkeit oder selbst der Scham erwähnen, wie es die vorhergehenden Autoren getan hatten. Der Verdacht, der auf dem Körper lastete, hatte sich unterdessen noch weiter verstärkt.[25] Wenn etwa Cassianus von den »kör-

* »Moralische Auslegung des Buches Hiob« (d.Ü.)
** Stolz (d.Ü.)

perlichen Regungen« *(»motus corporis«)* spricht, so meint er damit die *»commotio carnis«*, die »Erregung des Fleisches«, in diesem Fall einen nächtlichen Samenerguß während des Schlafs.[26]

Zur »Geringschätzung des Körpers« – Anlaß und Ort der Sünde – kann hinzukommen, daß man ihn als konkrete Realität einfach leugnet: Die allegorische Deutung des Körpers, der zum Sinnbild für den »Leib der Kirche« sublimiert wird, ist vielleicht nur eine andere Form der Ablehnung des wirklichen Leibes. Wenn Gregor die unterschiedlichen, doch einander ergänzenden »Pflichten« der »Gliedmaßen des Körpers« aufzählt, sieht er in den Augen und den Füßen lediglich Metaphern für Kontemplation und Handeln, die beide im Leben der Kirche wirksam und notwendig seien.[27] In derselben Zeit benutzt, ja erweitert Cassiodorus (468–562), ein anderer Römer, diese von Paulus stammende schematische Darstellung[28], ohne daß er ihr jedoch schon die Geschlossenheit einer organischen Beschreibung der ganzen Gesellschaft geben kann, wie dies in der mittleren Periode des Mittelalters geschehen wird.[29]

Die Entwicklung nimmt also einen eindeutigen Verlauf: Zusammen mit dem Wortschatz der Gestik geht während des Hochmittelalters das Reflektieren über die Gesten, wie es sich von Cicero bis Ambrosius herausgebildet hatte, stark zurück. Und was hier zur moralischen Literatur festgestellt wird, ließe sich auch in anderen Bereichen beobachten, wie etwa dem der Rhetorik, die in jener Zeit vom Desinteresse an der *actio** und der *pronuntiatio***, dem fünften und letzten Teil der Kunst der Beredsamkeit, gekennzeichnet wird, eben dem Teil, der die gestische und stimmliche Leistung betrifft.

* Der rednerische Vortrag (d.Ü.)
** Deklamation (d.Ü.)

In jener Gattung, die man übereinstimmend als moralische Literatur bezeichnet hat, gibt es jedoch während des Hochmittelalters einen Bereich, in dem der Rückgang der Reflexionen über die Gestik etwas weniger deutlich war: den der »Fürstenspiegel«, der erbaulichen Abhandlungen, die sich an die Herrscher wenden.[30] Die erste derartige Schrift wurde von dem Bischof Martin von Bracara († 580)[31] für den galicischen König Miro verfaßt. Das Werk hat die Form einer Abhandlung über die vier Kardinaltugenden Klugheit, Seelengröße oder Tapferkeit, Mäßigung und schließlich Gerechtigkeit. Das in ihm dargestellte Weltbild ist noch vollständig der Antike verpflichtet; gerade diesem Umstand hatte es übrigens seinen außerordentlichen Erfolg während des gesamten Mittelalters zu verdanken, denn es wurde Seneca selbst zugeschrieben. Der dritte Teil ist der *continentia** gewidmet; er empfiehlt das rechte Maß beim Essen, Sprechen, Lachen und auch Laufen; der Gang müsse frei von »Unruhe« sein. Genausowenig wie die Seelenregungen sollen die Körperbewegungen unbeherrscht sein: Man dürfe beweglich, jedoch nicht leichtfertig sein. Wenn man die Tugend der Mäßigung als Richtschnur nehme, so gehe man den goldenen Mittelweg. Die ebenfalls aus Spanien stammende und Isidor von Sevilla († 636) zugeschriebene Abhandlung »Einrichtungen des Unterrichts« empfiehlt ihrem Adressaten, einem jungen westgotischen Adligen, »ausdauernde und gemessene Körperbewegungen ohne eitle Behendigkeit und ohne Lässigkeit sowie einen gebührlichen Gang, damit es nicht so aussehe, als ahme er die Verrenkungen der Komödianten und die Gebärden der Possenreißer nach, die sich überall herumtreiben«[32].

Ihren Höhepunkt erlebten derartige Werke jedoch vor allem in der Karolingerzeit, begünstigt durch die

* Mäßigung (d.Ü.)

Wiederentdeckung eines Teils des klassischen Schrifttums, insbesondere der Rhetorik und der Erbauungsliteratur, und auch durch die *»Renovatio imperii«**, wobei sich das so entstehende neue Reich wenigstens partiell nach dem antiken Vorbild richtete. Alkuin, ein Hauptvertreter dieser »Karolingischen Renaissance«, der bevorzugte Gesprächspartner und Berater Karls des Großen, kann wieder Ciceros *De officiis* im Urtext zitieren, um die Regeln der »maßvollen Körperbeherrschung« zu formulieren. Man solle, rät er, das Gesicht ganz gerade halten, die Lippen nicht verziehen, den Mund nicht unmäßig weit aufreißen, den Kopf nicht nach hinten neigen, die Augen nicht zu Boden schlagen, den Nacken nicht beugen, die Augenbrauen nicht hoch- und auch nicht herunterziehen.

Kurz darauf teilt Alkuin die *temperantia* in drei Unterkategorien ein – Mäßigung, Milde und *modestia* –, und diese definiert er als eine Tugend, die »im Streben nach dem sittlich Schönen zeitlebens und überall das Maß der seelischen und körperlichen Regungen bewahren läßt«[33]. Doch dieser eindeutige Rückgriff auf das Ideal und die Grundsätze der Stoiker war von äußerst kurzer Dauer: Schon am Anfang des 9. Jahrhunderts empfiehlt Smaragdus[34], der Abt von St. Mihiel, in seiner *Via regia*** oder auch Bischof Jonas von Orléans[35] in seinen beiden Abhandlungen, der dem Grafen Mathfred gewidmeten *De institutione laicali**** und der für König Pippin geschriebenen *De institutione regia*†, ein rechtschaffenes Handeln; beide erinnern gegebenenfalls an das treffende Wort des Königs, doch sie versäumen, seine Gesten zu beschreiben und deren genaue Norm anzugeben.

* »Erneuerung des [Römischen] Reichs« (d.Ü.)
** »Der Königsweg« (d.Ü.)
*** »Über den Unterricht der Laien« (d.Ü.)
† »Über den Unterricht des Königs« (d.Ü.)

Zu einer derartigen Auffassung von der Gestik kam es tatsächlich erst wieder im 12. Jahrhundert, und zwar bei den neu entstandenen Bildungsschichten der reformierten Klöster, danach der städtischen Schulen.[36] Auch bei ihnen hat die erneute Lektüre der klassischen Autoren den Fortschritt der geistigen Kultur gestärkt, allerdings auf sehr viel zuverlässigeren Grundlagen als in der Karolingerzeit. Bereits seit dem 11. Jahrhundert mehren sich die Hinweise, daß man sich erneut mit den Gesten beschäftigt. Solche Hinweise liefert zum Beispiel der Wortschatz: In einer überreichen Zahl von Texten – Chroniken, Heiligenviten, moralischen oder didaktischen Werken usw. – finden das Wort *gestus*, das oft in negativem Sinn, doch manchmal auch positiv aufgefaßt wird, und das Wort *gesticulatio* (das stets negativ besetzt ist) wieder zunehmend Verwendung, während sie aus dem Wortschatz des Hochmittelalters beinahe vollständig verschwunden waren.[37] Und in der moralischen Literatur setzt sich *modestia*, das Ideal des Maßes und der rechten Mitte, als die spezifische Tugend der Geste durch: In den Texten kommt es selten vor, daß dieser Begriff nicht gleichzeitig mit dem Wort *gestus* erscheint.

In der Klosterkultur war dieser Wandel noch offensichtlicher, weil die lange Textüberlieferung der Regeln (vor allem der des heiligen Benedikt), der Statutenbücher und ihrer Kommentare bis zum damaligen Zeitpunkt diesen Wortschatz und diese Begriffe sehr weitgehend ignoriert hatte. Hingegen gehörten sie sofort zum »geistigen Instrumentarium« der neuen Orden: der reformierten Benediktiner, wie etwa der Zisterzienser, oder der neuen Gemeinschaften der regulierten Kanoniker, die der weniger strengen, nach Augustinus benannten Ordensregel folgten, wie etwa in Prémontré oder in Saint-Victor bei Paris.

Zweifellos kommt Bernhard von Clairvaux (1091 bis 1153) auf Grund der Rolle, die er in der Geschichte des Mönchtums und des religiösen Lebens seines Jahrhunderts gespielt hat, beispielhafte Bedeutung zu. Um die ideale Verhaltensnorm zu definieren, vermag er knappe und treffende Formeln zu finden:

> Diese Betrachtung hält Dich in Dir, sie läßt Dich [...] nicht tiefer hinabstürzen, Dich nicht höher erheben, Dich nicht von Dir in die Länge hinwegschreiten und nicht in die Breite Dich ausdehnen. Bewahre die Mitte, wenn Du nicht das Maß verlieren willst. Der Punkt in der Mitte ist der sichere. Die Mitte ist der Sitz des Maßes, und das Maß ist die Tugend.[38]

Im *Liber de gradibus humilitatis et superbiae** hält er sich an ein Modell, das damals überaus weit verbreitet war – das der geistigen Rangfolge –, um nacheinander von unten nach oben die zwölf Stufen der Demut und dann von oben nach unten die zwölf Stufen des Stolzes aufzuzählen. Als er zur ersten Stufe des Stolzes, der *curiositas***, gelangt ist, beschreibt er die »Zeichen«, an denen man sie erkennt:

> Wenn du siehst, wie ein Mönch, zu dem du zuvor volles Vertrauen hattest, beginnt, die Augen umherschweifen zu lassen, das Haupt hoch aufgerichtet zu tragen und die Ohren zu spitzen, wo immer er steht, geht oder sitzt, dann kannst du an den Regungen des äußeren Menschen den Wandel des inneren erkennen.[39]

* »Buch über die Stufen der Demut und des Stolzes« (d.Ü.)
** Neugier (d.Ü.)

Und nun zitiert er einen Gemeinplatz der Literatur des 12. Jahrhunderts über die Gesten: »Ein verkehrter Mensch blinzelt mit dem Auge, scharrt mit dem Fuß, spricht mit dem Finger«[39], und er kommentiert: »An der ungebührlichen Bewegung des Körpers erkennt man die neue Krankheit der Seele.«[39] Die dritte Stufe des Stolzes ist der »törichten Heiterkeit« *(De inepta laetitia)* gewidmet, die in einem Kloster besonders verdächtig erscheint, wo ja zerknirschtes Schluchzen zu herrschen hat und aus dem das Lachen verbannt ist:

> In seinen Gesten drückt sich Possenreißerei, auf seiner Stirn heitere Laune, im Gang Eitelkeit aus. Er ist zu jedem Scherz geneigt und schnell bereit, in Gelächter auszubrechen. [...] Wenn eine Blase, prall von verdichteter Luft, durch einen kleinen Nadelstich eine Öffnung erhält, pfeift sie, wenn sie gedrückt wird, beim Zusammenfallen, und die austretende Luft gibt mancherlei Geräusche von sich, wenn sie nicht ungehindert ausströmen, sondern nur durch eine enge Öffnung austreten kann. In gleicher Weise bricht ein Mönch, sobald er sein Herz mit eitlen und possenhaften Gedanken angefüllt hat, gleichsam mit geschnürter Kehle oft in Gelächter aus, wenn er wegen des strengen Stillschweigens keine Gelegenheit findet, den Winden der Eitelkeit freieren Austritt zu gewähren. Häufig verbirgt er vor Scham sein Gesicht, preßt die Lippen und beißt die Zähne zusammen. Er kichert, ohne es zu wollen, und bricht wider Willen in lautes Lachen aus. Und obwohl er sich mit den Fäusten den Mund zuhält, hört man ihn noch durch die Nase prusten.[40]

Diese Schilderung wirkt bemerkenswert lebendig und zeugt von einer scharfen Beobachtungsgabe; sie verrät auch eine höchst sorgfältige psychologische Analyse und erkennt die Verdrängung als Ergebnis der Klostererziehung an.

In seinen Predigten über das Hohelied kommt Bernhard auf das Problem des Lachens zurück. Hier ist sein Urteil jedoch differenzierter. Nach seiner Forderung, der Leib solle im Glanz der inneren geistlichen Liebe *(charitas)* erstrahlen, fügt er hinzu:

> Der Leib nimmt dann das leuchtende, Strahlen sprühende Bild der Seele an und breitet diesen Glanz über die Glieder und Sinne, so daß davon ein Widerschein fällt auf jede Handlung, jede Rede, jeden Blick, auf Schreiten und Lachen, das, wenn es vorkommt *(si tamen risus)*, mit Ernst gepaart und würdevoll ist. Wenn so alles Gebaren, Gehaben und Gebrauchen *(gestus et usus)* dieser und anderer Glieder und Sinne ernst, sauber und bescheiden, frei von jeder Frechheit und Ausgelassenheit, fremd jeder Leichtfertigkeit wie Feigheit, der Billigkeit angemessen und in den Dienst der Liebe gestellt erscheint: dann wird die Schönheit seiner Seele offenbar. Wenn anders kein Falsch in seinem Geiste ist.[41]

Das Lachen ist also nicht immer hassenswert: Bernhard vermeidet es hier, das Wort *cachinnatio** zu benutzen, das einen stark diabolischen Beigeschmack hat, bezeichnet es doch insbesondere das Hohngelächter des Teufels. *Cachinnatio* verhält sich zu *risus*** wie *gesticulatio* zu *gestus*: Es handelt sich um die stets negativen Pole von Vorstellungen und Verhaltensweisen, die unter bestimmten Umständen einen positiven Wert an-

* Gellendes, rohes Gelächter (d.Ü.)
** Lachen (d.Ü.)

nehmen können. Auch in dieser Passage hat Bernhard nichts von seiner scharfen psychologischen Beobachtungsgabe verloren: Sogar mitten im Kloster mußte er böswillige Täuschung *(dolus)* und heuchlerische Verstellung entdecken ...

Doch nicht in den Zisterzienserklöstern, sondern in den städtischen Schulen bildeten sich die neue Philosophie und Wissenschaft des 12. Jahrhunderts heraus. Dies geschah vor allem in Chartres durch das Wirken des Bernardus Silvestris. Sein Schüler Wilhelm von Conches (1080–1145), der stark von Senecas *De beneficiis** und Ciceros *De officiis* beeinflußt war, schrieb nach dem Vorbild von Boëthius' *Trost der Philosophie* eine umfangreiche moralische Abhandlung, die *Moralis philosophia de honesto et utili***. Das Werk beginnt mit einem Traum, in dem Cicero und Seneca vor dem Autor erscheinen und ihn zu seinen Meditationen inspirieren, und hierauf behandelt es in der Art der Antike nacheinander die vier Tugenden Klugheit, Gerechtigkeit, Tapferkeit und Mäßigkeit. Diese letztgenannte Tugend ist nicht mehr in drei Unterkategorien wie bei Cicero eingeteilt *(continentia, clementia***, modestia)*, sondern in acht *(modestia, verecundia, abstinentia, honestas, moderantia, parcitas†, sobrietas††, pudicitia)*. Die *modestia* wird definiert als die Tugend, die das Betragen, jede Bewegung und unser ganzes Tun von Fehlern abhält und nicht zu Übertreibungen gelangen läßt. Nach drei Horaz, Cicero und Seneca entlehnten Sentenzen wird eine ganze Passage aus *De officiis* wörtlich übernommen, die daran erinnern soll, daß die äußerlichen Kör-

* »Über die Wohltaten« (d.Ü.)

** »Moralphilosophie über das Ehrenhafte und Nützliche« (d.Ü.)

*** Milde (d.Ü.)

† Sparsamkeit (d.Ü.)

†† Wohlüberlegte Beschränkung (d.Ü.)

perbewegungen die innerlichen Seelenregungen verraten. Kurz darauf greift Wilhelm von Conches zur gleichen Methode, um die *verecundia* zu behandeln, die er als »den Dienst am sittlich Guten *(honestas)* in den Gesten, den Worten und im Gesichtsausdruck«[42] bestimmt.

Diese Bezugswerte bilden also einen sehr klar festgelegten Rahmen, und dieser wird sich bis wenigstens zur zweiten Hälfte des 13. Jahrhunderts kaum noch ändern. In Paris befürwortet Hugo von St. Victor († 1141), ein direkter Zeitgenosse des Chartrensers, ebenfalls »bescheidene und demütige« Gesten:

> Wer spricht, muß bei seinen Gesten das Maß *(modestiam)* beachten, so daß sich seine Glieder, während er redet, nicht unbeherrscht, schamlos oder ungestüm bewegen, und er soll die ruhige Wirkung seiner Rede nicht durch Augenzwinkern oder das Mienenspiel und den wechselhaften Ausdruck seines Gesichts vermindern.[43]

Die Pariser Kathedralschule von Notre-Dame wurde am Ende des Jahrhunderts von Petrus Cantor († 1197), einer außergewöhnlichen Gestalt, beherrscht. Er war ein großer Theologe und Autor einer *Summa de sacramentis** sowie des sehr wichtigen Moraltraktats *Verbum abbreviatum***. Man spürt, daß hier ein Geist am Werke ist, der sich entschlossen der Außenwelt, der Stadt – und nicht der unbedeutendsten, nämlich der Hauptstadt Paris – zuwendet und sich bemüht, die überaus zahlreichen Probleme zu lösen – trotz seines Titels besteht das Werk aus einhundertdreiundfünfzig Kapiteln –, die sich aus der Anpassung der christlichen Religion

* »Zusammenfassende Darstellung der Sakramente« (d.Ü.)
** »Kurze Zusammenfassung« (d.Ü.)

und der Kirche an die neuen ökonomischen, sozialen und politischen Bedingungen ergaben. Das Buch beginnt mit einer kritischen Untersuchung der in den Schulen geübten *disputatio* und dann der Predigt: zweier sich damals beträchtlich entwickelnder Aufgabenbereiche der Kleriker. Weitere Streitfragen, wie sie sich innerhalb einer sich wandelnden und nach ideologischen Rechtfertigungen verlangenden Gesellschaft stellten, werden von Petrus Cantor untersucht und so gut wie möglich gelöst, ob es sich nun um die Simonie, die Kleidermoden und das Bauwesen, die Almosen usw. handelt. Bemerkenswert ist allerdings, wie der Pariser Professor versucht, eine neue Ethik mit einem Wortschatz, mit Begriffen und »Autoritäten« zu schaffen, die weiter jene der Tradition bleiben. Die von ihm zitierten Werke sind immer noch Ciceros *De officiis* und Martins von Bracara *De quattuor virtutibus**, das er, der allgemeinen Auffassung entsprechend, Seneca zuschreibt: Er läßt sich ganz von diesen Werken leiten, als er seine Ansichten zur Mäßigkeit, zu deren acht Unterkategorien und zu dem Maß erörtert, das man den Regungen sowohl des Körpers als auch der Seele auferlegen müsse. All das unterscheidet sich in nichts von dem, was etwa vor ihm Wilhelm von Conches geschrieben hatte.

Die moralische Literatur der Kleriker des 12. Jahrhunderts erreicht ihren Höhepunkt in dem sehr vielgestaltigen Werk des Alain von Lille [Alanus ab Insulis]. Alle Strömungen scheinen sich in ihm zu vereinen: Er ist Erbe des Chartrenser Platonismus, und außerdem beschloß er im Jahre 1203 sein Leben in Cîteaux. Zugleich eröffnet Alain von Lille eine neue Epoche: Er ist Autor von Predigten und praktischen Lehr-

* »Von den vier Tugenden«; anderer Titel der Schrift *Formula honestae vitae* (»Lehrbuch des ehrenhaften Lebens«) (d.Ü.)

büchern für Beichtväter und Kanzelredner, die mit Besorgnis die Fortschritte der Ketzerei verfolgen, und diese widerlegt er in *De fide catholica**, womit er die ersten Grundlagen jener ganzen Entwicklung schafft, die bald die Originalität und den Erfolg der Bettelorden ausmachen wird. Mit seinem von Boëthius inspirierten *Liber de Planctu naturae*** und im *Anticlaudianus****, in dem er eine Gegenposition zum Dichter Claudianus einnimmt, gibt er überdies der traditionellen allegorischen Dichtung ein persönliches Gepräge und kündigt so Jean de Meungs *Rosenroman* an. In dem in Prosa und Versen geschriebenen Werk *De planctu naturae* ergibt sich aus der Begegnung zweier allegorischer Figuren – *Natura* und *Temperantia* – die folgende Beschreibung der als vollkommen angesehenen Haltung, Kleidung und Gestik:

> Gerade als Natura die auf diesem Fest gehaltenen Reden mit Beifall aufnahm, erschien eine würdige Dame, die ihren Gang den Regeln des Maßes unterwarf und unserer Spur zu folgen schien [...]. Die gemalten Zeichen auf ihrem Gewand lehrten getreulich, wie die Menschen wohlüberlegte Beschränkung bei ihren Worten, Umsicht im Tun, Angemessenheit des Benehmens, Strenge in den Gesten zeigen und den Mund gegenüber den Speisen zurückhalten, die Kehle beim Trinken bezähmen müssen ...

Nach *Temperantia* kommt *Largitas*† herbei, eine Frau von strahlender Schönheit, die

* »Über den katholischen Glauben« (d.Ü.)
** »Buch über die Klage der Natura« (d.Ü.)
*** »Der Anticlaudian« (d.Ü.)
† Freigebigkeit (d.Ü.)

das Haupt nicht demütig neigte und mit dem Antlitz eine Bindung suchte: Den Nacken hielt sie gerade, und die Augen blickten unverwandt zu den höheren Wirklichkeiten empor; so verband das Gesicht ihren Gang mit den erhabenen Dingen. [...] Die Herrlichkeit ihrer besonderen Schönheit, die außergewöhnliche Höflichkeit ihres Benehmens, die unaufteilbare »Individualität« ihrer Haltung *(gestus individualitatis)* verkündeten ihren feierlichen Einzug.[44]

In seinen oft überkultivierten und gern hellenisierenden Wortschatz hat Alain von Lille dieses seltsame *»individualitas«* einfließen lassen, und ich kann nirgends entdecken, daß dieses Wort im Zusammenhang mit den Gesten noch einmal vorkommt: Dieser Begriff, der damals überhaupt nichts mit der modernen Bedeutung von »Individualität« zu tun hatte, verweist auf die zeitgenössischen theologischen und wissenschaftlichen Auseinandersetzungen über die Unteilbarkeit des Atoms; wie ich meine, bezeichnet er hier die ästhetische Qualität einer Körperbewegung, die so harmonisch ist, daß sie sich nicht zergliedern läßt.

Im *Anticlaudianus* werden die Gaben der *modestia* ebenfalls beschrieben, diesmal in Versen.

Auch die Bescheidenheit [...] / Legt ihre Gaben hinzu, [...] / [...] doch nicht das Maß im Schenken verlassend, / [...]. Bildet doch die Bescheidenheit den ganzen Menschen, sie mäßigt / Seine Taten, bemißt die Worte, erwäget das Schweigen, / Gleicht die Gebärden und Haltung aus und zügelt die Sinne. / [...] Sie schreibt ihm vor die Haltung des Hauptes und richtet sein Antlitz / Ebenmäßig nach vorn, daß er nicht mit erhobener Stirne / Nur zu den Himmlischen blickend uns

> Sterbliche gar zu verachten / Scheine und es verschmähe, auf unsere Welt hier zu blicken, – / Oder zu sehr zur Erde das Antlitz senkend ein feiges / Gottverlaß'nes Gemüt offenbare; er richtet es also / Maßvoll empor. So hebet er weder, noch senkt er sein Antlitz / Über das Maß und zeigt die Beständigkeit seines Geistes. / Sie verhindert die närrischen Gesten, läßt nicht das zu strenge / Stolze Einherschreiten zu: daß nicht das Gescherze den Hanswurst / Darstelle oder zu große Strenge die Unart des Hochmuts. / Daß er nicht nach Narrenart seine Muskeln entblöße / Und in schimpflicher Geste schlenkere mit seinen Armen.[45]

Wenn man die harmonischen Bewegungen dieser imaginären Frauen, dieser Musterbilder aller Tugenden, betrachtet, kann man durchaus annehmen, daß Alain von Lille dem Zauber seiner eigenen Dichtkunst erlegen ist. Doch die von ihnen verkörperten moralischen Werte waren bei ihm auch die Grundlage für einen ganz anderen Diskurs: den des Predigers, der bestrebt war, die Sitten der Gläubigen zu bessern. Mit ähnlichen Begriffen prangert er in seinen Predigten den Stolz an, der »die Haltung verfälscht, die Gebärden übertreibt, das Wort ins Maßlose steigert und die Augenbrauen hochziehen läßt«[46]. In der *Summa de arte praedicatoria** stellt er das »Ungeheuer« der Wollust dem »Duft« der Keuschheit entgegen, und deren Wohlgerüche seien:

> die Reinheit des Geistes, die Unschuld des Leibes, die makellose Geste, die züchtige Kleidung, die Enthaltsamkeit im Essen, die Ehrerbietung bei der Ausdrucksweise. Diese Salbe bekämpft die

* »Summe der Kanzelberedsamkeit« (d.Ü.)

> Wollust, die den Geist besudelt, den ganzen Körper befleckt und die Gesten verwahrlosen läßt.[47]

Die Belegstellen stimmen ausreichend überein, damit kein Zweifel bestehenbleibt: Am Anfang des 13. Jahrhunderts propagieren die verschiedenen Strömungen der moralischen Literatur den Begriff der *modestia* als eine wirkliche Tugend der idealen Geste, als Ausdruck der inneren Harmonie.[48] Doch diese Texte sind zu weit verstreut oder zu kurz, als daß man bei ihnen von einem vollständigen *System* der Vorstellung von der Gestik sprechen könnte. Ein solches System existiert jedoch, als sich diese Literatur mit einer anderen, spezifischer pädagogischen Tradition verbindet: Seinen Gipfel erreicht es mit Hugos von St. Victor († 1141) *De institutione noviciorum**[49]. Doch unmöglich läßt sich hier eine Untersuchung dieses sehr gehaltvollen Werks in Betracht ziehen, dem nach meiner Ansicht eine ganz entscheidende historische Bedeutung zukommt. Einige abschließende Bemerkungen über die Geschichte der Moral der Gesten und ihren Schwerpunkt in der Mitte des 12. Jahrhunderts erweisen sich dennoch als notwendig.

Die »geistige Renaissance des 12. Jahrhunderts« und die wiedergefundene Vertrautheit mit den großen klassischen Autoren – Cicero, Seneca – bieten gewiß eine wesentliche Erklärung für diese Neuentdeckung der Geste als Gegenstand des Nachdenkens und der ethischen Reflexionen. Aber die Gründe für die Geschichte der Ideen sind nicht allein in diesen enthalten. Der Gebrauch des erneut verfügbaren geistigen Instrumentariums selbst war eine Folge gesellschaftlicher Umwälzungen von ausschlaggebender Bedeutung. Ich

* »Über den Unterricht der Novizen« (d. Ü.)

möchte lediglich einige dieser Faktoren aufzählen: das neue Aufblühen der Städte, die bisher beispiellose Konfrontation der Kleriker und Laien, die sich verschärfenden Unterschiede im sozialen Status, in den Tätigkeitsbereichen, den Rangordnungen und auch den Verhaltensweisen, einschließlich derer innerhalb des Klerus (zwischen Welt- und Ordensgeistlichkeit, schwarzen und weißen Mönchen, Kanonikern usw.), der Verzicht auf den Brauch, Kinder – die sogenannten *Oblati* – in den Abteien aufzuziehen, an deren Stelle man nun ältere Novizen ins Kloster holte, so daß sie dort eine »weltliche« Gestik einführten, die von vornherein als sündhaft angesehen wurde und deren Exzesse die Kleriker ihrem Ideal der goldenen Mitte geopfert wissen wollten. Und es gewinnt der Leib wieder an Aufmerksamkeit. Er wird nicht mehr lediglich als »Kerker der Seele« betrachtet, vielmehr denken die Moralisten von ihm, daß er, wenn er gut gelenkt wird, der Ort und ein Mittel des menschlichen Heils werden könne. Daher meine ich, daß in der zweiten Hälfte des 12. Jahrhunderts ein gewisses Gleichgewicht erreicht worden ist. Doch schon nach 1250 sollte die Wiederentdeckung der Ethik des Aristoteles die Grundvoraussetzungen der wissenschaftlichen Interpretation der Gesten einigermaßen modifizieren. Außerdem begannen die Laienschichten und die höfischen Kreise schon seit dem Ende des 12. Jahrhunderts, Verhaltenskodes zu erarbeiten, die sich manchmal in der Form und vielleicht noch häufiger in dem, was sie ideologisch zum Einsatz brachten, von den vorherigen unterschieden. Doch selbst bei ihnen und noch für lange Zeit bleibt der Diskurs über die Gestik vor allem ein moralischer. Mit anderen Worten: »Haltungen« und »Betragen«, wie etwa die Kirchen-*Zucht*, zu rechtfertigen, kann dem eigentlichen Kode nur von außen zuerkannt werden, ob man sich nun auf Gott, die Seele, die Vernunft oder die Rittertugend als Grundlagen der Norm beruft. Doch kann man eigentlich von den »Konventionen« je sagen, daß es einen anderen Grund für ihre Dauer gäbe, als daß sie eben existieren?

Deutsch von Ulrich Kunzmann

1 M. Mauss, »Les techniques du corps« (1936), Neuausg. in *Sociologie et Anthropologie*, PUF, Paris 1968, S. 363–386. Dt.: »Die Techniken des Körpers«, in: Marcel Mauss, *Soziologie und Anthropologie*, Bd. 2, Fischer Taschenbuch Verlag, Frankfurt a. M. 1989; S. 199–220.

2 Vgl. insbesondere die Beiträge sowie die Einleitung von *Gestures*, hrsg. von Jean-Claude Schmitt, *History and Anthropology*, Bd. I, Teil 1, Nov. 1984 (vor allem S. 2–5). (Darüber hinaus findet man in diesem Sammelband die Bibliographie der wichtigsten Untersuchungen zur Gestik, die auf geisteswissenschaftlichem Gebiet erschienen sind.)

3 Entsprechende Hinweise entdecke ich bei Augustinus im Zusammenhang mit dem Gebet und vor allem im 12. Jahrhundert bei Hugo von St. Viktor im Zusammenhang mit dem Gesamtbereich der Gestik.

4 P. Courcelle, *Connais-toi toi-même de Socrate à saint Bernard*, Études augustiniennes, Paris 1974–1975, 3 Bde. (I, S. 12). Dieses Gebot und die beiden anderen (»Erkenne dich selbst« und »Halte dich nicht für Gott«) scheinen bereits seit Euripides in Zusammenhang gesehen zu werden.

5 Juvenal, *Satiren*, XI, 27. Terenz, *Das Mädchen von Andros*, 1, 1. Macrobius, *Scipios Traum*, I, 9, 2.

6 Augustinus, *De beata vita, Patrologia latina (PL)*, hrsg. von Migne, 32, 975. Alkuin, *De rhetorica et virtutibus*, *PL* 101, Kol. 943 C.

7 Aristoteles, *Nikomachische Ethik*, Buch III: »Tugend, Tapferkeit und Mäßigkeit«; Buch V: »Gerechtigkeit«.

8 Cicero, *Pflichtenlehre*, in: Cicero, »Werke in drei Bänden«, dritter Band, Aufbau-Verlag, Berlin und Weimar 1989, S. 172–173.

9 Ebd., S. 212–213.

10 Ebd., S. 213.

11 Ebd.

12 Lucius Annäus Seneca, *Ausgewählte Schriften*, deutsch von Albert Forbiger, Langenscheidtsche Verlagsbuchhandlung, Berlin und Stuttgart 1855–1910, I, 2. Bändchen; S. 19–20. – Seneca fügt hinzu, daß das Maß *(modus)* auf einer richtigen Messung *(mensura)* beruhe.

13 Dt. zit. nach: Cicero, a. a. O., S. 348–349. Vgl. auch I, 8, S. 32.

14 Paulus, 1 Kor. 13,13.

15 W. Hermanns, *Über den Begriff der Mäßigung in der patristisch-scholastischen Ethik von Clemens von Alexandrien bis Albertus Magnus*, Diss., Bonn 1913.

16 Ambrosius von Mailand, *Pflichtenlehre und ausgewählte kleinere Schriften*, übers. von Joh. Ev. Niederhuber, Verlag der Jos. Köselschen Buchhandlung, Kempten und München 1917, Bd. 3; S. 44–54 und S. 111–113.

17 Ebd., S. 49.

18 Ebd.

19 Ambrosius, *De virginibus*, II, 2, 7, *PL* 16, Kol. 209: *»Virgo erat non solum corpore, sed etiam mente … Nihil torvum in oculis, nihil in verbis procax, nihil in actu inverecundum: non gestus fractior, non incessus solutior, non vox petulantior; ut ipsa corporis species simulacrum fuerit mentis, figura probitatis.«* [»Jungfrau war sie nicht bloß dem Leibe, sondern auch dem Geiste nach … Nichts Scheeles lag in ihren Augen, nichts Freches in ihrem Benehmen. Die Haltung war nicht zu weichlich, der Gang nicht zu ausgelassen, die Rede nicht zu leichtfertig, so daß schon die äußere Erscheinung ein Abbild ihres Geistes, ein Sinnbild ihrer Tugendhaftigkeit war.« Ebd., S. 347.]

20 *De officiis* …, ebd., S. 46.

21 Ebd., S. 48.

22 Ennodius, *Carmina*, LXXVII, *De vita et actibus S. Ambrosii ep.*

23 Siehe Anm. 3.

24 Gregor, *Morales sur Job [Moralia in Iob]*, 31, 87, hrsg. von R. Gillet und A. de Gaudemaris, Sources chrétiennes 32, Paris 1952, S. 90. Zu Herkunft und Geschichte dieser Verzeichnisse, vgl. M. W. Bloomfield, *The Seven Deadly Sins …*, Michigan State College Press, 1952.

25 A. Rousselle, *Porneia. De la maîtrise du corps à la privation sensorielle. IIe–IVe siècles de l'ère chrétienne*, PUF, Paris 1983.

26 Cassianus, *Collationes*, XII, *De castitate*, Kap. IX, *Interrogatio in corporis motus etiam dormientes possimus evadere*, *PL* 49, Kol. 887–888.

27 Gregor, *Moralia in Iob*, XIX, Kap. XXV und XXVII, V, *PL* 76, Kol. 125–126 und 637–639.

28 1 Kor. 12,12–27.

29 Vgl. insbesondere M.-C. Pouchelle, *Corps et Chirurgie à l'apogée du Moyen Age. Savoir et imaginaire du corps chez Henri de Mondeville, chirurgien de Philippe le Bel*, Flammarion, Paris 1983, S. 181–183.

30 Zu diesen Traktaten vgl. H. H. Anton, *Fürstenspiegel und Herrscherethos in der Karolingerzeit*, Bonn 1968 (Bonner Historische Forschungen 32), und P. Riche, *Écoles et enseignement dans le haut Moyen Age, de la fin du Ve siècle au milieu du XIe siècle*, Aubier, Paris 1979, S. 288.

31 Martin von Bracara, *Formula honestae vitae*, in: *Opera omnia*, hrsg. von C. W. Barlow, Yale University Press, New Haven 1950, S. 204–250.

32 P. Pascal, »*The Institutionum Disciplinae of Isidore of Seville*«, *Traditio* XIII, 1957, S. 425–431, und P. Riche, a. a. O., S. 390–391.

33 Alkuin, *De rhetorica et virtutibus*, *PL* 101, Kol. 942–945.

34 *PL* 102, Kol. 945–946.

35 *PL* 106, Kol. 258.

36 J. Le Goff, *Les Intellectuels au Moyen Age*, Éd. du Seuil, Paris 1969.

37 J.-C. Schmitt, »Gestus-gesticulatio. Contribution à l'étude du vocabulaire latin médiéval des gestes«, in: *La Lexicographie du latin médiéval et ses rapports avec les recherches actuelles sur la civilisation du Moyen Age, Colloque international du CNRS*, Nr. 589, 18.–21. Oktober 1978, CNRS, Paris 1981, S. 377–390.

38 Bernhard, *De consideratione ad Eugenium papam*, in: *Opera*, III, hrsg. von J. Leclerc und H. M. Rochais, Rom 1963, S. 426. Dt.: *Papst und Papstthum nach der Zeichnung des hl. Bernhard von Clairvaux*, Übers. von Jos. Hub. Reinkens, E. C. Brunn's Verlag, Münster 1870; S. 62.

39 Bernhard, *Liber de gradibus humilitatis et superbiae*. Dt.: Bernhard von Clairvaux, »Sämtliche Werke lateinisch/deutsch«, hrsg. von Gerhard B. Winkler, Tyrolia-Verlag, Innsbruck 1992, II; *Über die Stufen der Demut und des Stolzes*, Übers. von P. Sinz, bearb. von A. Runge und J. Schwarzbauer; S. 89.

40 Ebd., S. 105.

41 Bernhard, *Sermones in cantica canticorum*, 85, 11, *PL* 183, Kol. 1193. Dt.: Bernhard von Clairvaux, *Das Hohelied*, Übers. von Agnes Wolters, Zweites Buch, Georg Fischer Verlag, Wittlich 1938; S. 317–318.

42 Wilhelm von Conches, *Moralis philosophia, PL* 171, Kol. 1034 bis 1035 und 1039.

43 Hugo von St. Viktor, *De institutione noviciorum*, XVII, *Quomodo loquendum sit, PL* 176, Kol. 948 B. Die *modestia* erweist sich auch bei den Tischsitten als notwendig: ebd., Kol. 949 C.

44 Alanus ab Insulis, *De planctu naturae, PL* 210, Kol. 473 D bis 475 A. Dt. Übers. nach: Alanus ab Insulis, *Der Anticlaudian oder Die Bücher von der himmlischen Erschaffung des Neuen Menschen,* übers. von Wilhelm Rath, J. Ch. Mellinger Verlag, Stuttgart 1966; Einleitung, S. 70–71.

45 Alanus ab Insulis, a. a. O., S. 211–212.

46 Alain de Lille, *Sermones diversi,* hrsg. von M.-Th. d'Alverny, a. a. O., S. 260.

47 Alanus ab Insulis, *Summa de arte praedicatoria,* Kap. V, *»Contra luxuriam«, PL* 210, Kol. 122 C. Über *modestia* vgl. auch Kap. XXV, Kol. 161–162.

48 Für das 13. und 14. Jahrhundert könnten zahlreiche weitere Werke zitiert werden: Ein um das Jahr 1230 verfaßtes langes deutsches Sittengedicht trägt zum Beispiel den bezeichnenden Titel »Bescheidenheit«: *Freidanks Bescheidenheit,* Reclam Verlag Leipzig, 1985. Auf den Miniaturen des Manuskripts eines ähnlichen Werkes, Thomasin von Zirclaeres *Der welsche Gast,* ist Bescheidenheit zusammen mit Zucht dargestellt, und sie knien vor dem Recht (a. a. O., Ill. 6).

49 Zu diesem Werk, auf das ich noch ausführlich eingehen werde, vgl. meinen ersten Kommentar: J.-C. Schmitt, *Le geste, la cathédrale et le roi, l'Arc* 72, 1978, S. 9–12.

ODILE BLANC

Strategien des Aufputzes

Die ritterlichen Lustbarkeiten im Frankreich des 15. Jahrhunderts

In Anlehnung an Huizinga könnte man das 15. Jahrhundert als das »große Jahrhundert des schönen Scheins«[1] bezeichnen. Alle Chroniken erwähnen den Prunk des höfischen Haushaltes der Hochadligen, wenn sie uns anschaulich deren Partikularismus und Rivalitäten schildern, wobei die Höfe der apanagierten Herzöge (Orléans, Berry, Anjou, Burgund) den Königshof bei weitem übertreffen. Der burgundische Hof ist zweifellos das vollkommenste Muster, das ganz der Definition entspricht, wie sie Norbert Elias[2] von den höfischen Gesellschaften im Europa des 17. und 18. Jahrhunderts gibt. Eine Vorbildrolle spielt Philipp der Gute, von seinen Geschichtsschreibern »Großherzog des Abendlandes« genannt, der sich als Herrscher über ungleichartige Territorien um deren Einigung bemüht. Auch tritt er als Schirmherr der Künste auf und fördert eifrig alles, was dem Ruhm seines Herzogtums dient. Die Chronisten haben somit die Aufgabe, die »großen Taten«, das heißt die politischen und militärischen Leistungen der Herzöge, doch auch die vortreffliche Ordnung ihres Hofstaats zu feiern. Daher schreibt Olivier de La Marche, der Zeremonienmeister Karls des Kühnen, einen Traktat über den burgundischen Hofstaat, den er als ein »Vorbild von Zeremoniell und Etikette zur Nachahmung«[3] darbietet.

Die hierarchische Ordnung des höfischen Haushaltes wird für alle bei den Festen augenfällig, die den Rhythmus des Hoflebens bestimmen. Offenkundig zeigt sich der zeremonielle Charakter der Bankette unter Philipp dem Guten und noch mehr unter Karl dem Kühnen, für den die Etikette eine regelrechte Liturgie ist: so die hierarchische Zusammenstellung der Tafeldienste, selbst der einzelnen Gerichte, der Platz, der den Gästen nach ihrem Rang zugewiesen wird, die musikalischen und dramatischen Zwischenspiele, die *entremets* genannt werden. Alles trägt dazu bei, in der Person des Herzogs den Ausrichter, ja sogar den genialen »Schöpfer« dieser Lustbarkeiten zu ehren.

Die charakteristischste und am häufigsten beschriebene höfische Lustbarkeit des ausgehenden Mittelalters bleibt jedoch das Turnier, genauer gesagt die *joute** oder der *pas d'armes***. Das »Massen«-Turnier des 12. Jahrhunderts, das Ebenbild einer wahren Schlacht und ein meist tödlich endender allgemeiner Kampf, die *mêlée,* wird allerdings zugunsten von Treffen mit *höfischen* Waffen aufgegeben – das heißt mit Waffen, die so stumpf sind, daß sie nicht gefährlich werden können –, und diese Treffen werden immer mehr zu Einzelkämpfen, die sich in eine »Gesamtvorstellung« mit einem zuweilen sehr komplizierten Ritual einordnen.

In den Berichten der zweiten Hälfte des 15. Jahrhunderts ist *joute* der Oberbegriff, der die eigentlichen Treffen und die Einzelkämpfe bezeichnet, deren Bedingungen nach dem Ermessen der Turnierteilnehmer im voraus festgelegt werden: Die *joute* konnte mit Lanzen, Streitäxten, Schwertern, zu Fuß oder zu Pferde ausgefochten werden. Der *pas d'armes* oder die *emprise d'armes* ist der große Rahmen, worin die *joutes* ihren Platz finden.

* »Tjost« (d.Ü.)

** »Waffengang«: Turnier, bei dem eine bestimmte Position – ein Brunnen, ein Kreuzweg usw. – verteidigt wird (d. Ü.)

Ursprünglich ist der *pas d'armes* der Nachvollzug aller im Krieg benutzten Manöver. Wenn auch nicht von der ganzen Ritterschaft, so doch von ihren Schriftstellern und manchen Fürsten wird er sogar als Übung für den wirklichen Krieg aufgefaßt.[4] Tatsächlich erscheint das ritterliche Kampfspiel vorrangig als eine »Schule der Tapferkeit«. Es ist ebenfalls eine Gelegenheit, die Mitglieder einer durch Rivalitäten und Entfernungen voneinander getrennten Aristokratie zusammenzuholen. In der zweiten Hälfte des 15. Jahrhunderts will der burgundische Hof der Ort sein, an dem sich ritterlicher Geist bevorzugt äußert. Das ritterliche Kampfspiel, wie es in den Chroniken wiedergegeben wird, erweist sich jedoch eher als die dramatisierte Inszenierung einer vergehenden Ethik und nicht so sehr als die spontane Zusammenkunft von Waffenträgern.

Als Kriegsübung können die *joutes* ebenfalls während eines wirklichen Krieges stattfinden, wofür es zu einer Waffenruhe zwischen den kämpfenden Parteien kommt; sie gehen auch mit dem Friedensschluß einher oder sanktionieren ihn sogar (Nancy, 1445). Außerdem werden sie beim Abschluß eines Bündnisses oder bei einer Eheschließung veranstaltet (wie etwa 1468 bei der Hochzeit Karls des Kühnen in Brügge). Die *pas d'armes* richten sich nach anderen Ordnungsprinzipien, die stark von literarischen Modellen beeinflußt sind. So werden die 1443 in Dijon gefeierten Feste der legendären und epischen Gestalt Karls des Großen gewidmet *(Pas de l'Arbre Charlemagne*)*. 1463 in Brügge *(Pas du Perron Fée**)* und 1446 am Hof des Königs René (die *Emprise du Dragon*, die als Dekor eine Säule hat, auf der ein grimmiger Drache steht) wird das Wunderbare geehrt.

* »Waffengang vom Baum Karls des Großen« (d. Ü.)
** »Waffengang vom Feenstein« (d. Ü.)

Zumeist geht das für die *joutes* gewählte Thema von Allegorischem aus. In Chalon-sur-Saône (1449/50, *Pas de la Fontaine aux Pleurs**) besteht das Dekor aus einem Bild, das die Heilige Jungfrau mit dem Kind darstellt, aus einer untröstlichen Frau, deren Tränen in einen Brunnen fallen, und aus einem Einhorn. Der Text sagt nicht, wer diese Frau ist und warum sie weint. Bei drei anderen Beispielen ist das Motiv der *joutes* zwar nicht eindeutig angegeben, doch es wird jeweils in einem Brief erörtert, der gleichzeitig dafür sorgt, daß es öffentlich bekannt wird. 1449 zirkuliert in Saint-Omer *(Pas de la Belle Pèlerine**)* ein Brief unter den Rittern, den eine *Unbekannte Dame* geschrieben haben soll, die sich 1450, im Heiligen Jahr, zum Papst begeben wolle, und dabei dürfe der Ritter, der ihr zu Ehren eine *joute* veranstalten werde, sie begleiten. Im Jahre 1468 befaßt sich das Gefolge Karls des Kühnen in Brügge mit einem Brief, den angeblich die Herrscherin der *Verborgenen Insel* geschrieben hat und in dem diese geheimnisvolle Dame von Anton von Burgund – der sie vom Riesen des *Fürchterlichen Waldes* befreit habe – verlangt, hundert Lanzen zu brechen, hundertundeinen Hieb mit dem Schwert auszuteilen und ihr zu Ehren einen Baum zu schmücken *(Pas de l'Arbre d'Or***)*. Das Baummotiv erscheint immer wieder bei den *joutes*, besonders in Antons Wappen, der so die Farben seiner Dame trägt. Der 1470 in Gent veranstaltete *Pas de la Dame Sauvaige*† schöpft seine Allegorie aus dem »Rosenroman«, wobei er sich zugleich an einem Thema inspiriert, das damals sehr in Mode war: das Leben in der Wildnis. Der Brief, eine Art *Carte de*

* »Waffengang vom Tränenbrunnen« (d. Ü.)
** »Waffengang von der Schönen Pilgerin« (d. Ü.)
*** »Waffengang vom Goldenen Baum« (d. Ü.)
† »Waffengang von der Wilden Dame« (d. Ü.)

*Tendre**, erzählt die Irrfahrten eines Ritters vom »Reich der Kindheit« bis zur »Ebene der Lust« und in das »Schloß der Schönheit«, wo ihn Regard, ein anderer Ritter, grausam verwundet. Er wird in der Einsiedelei von Bel Accueil gepflegt, und ihn besucht die Herrin dieser Lande, eine wilde Frau, die ihn mit einem selbstbereiteten Mittel heilt. Hierauf erbietet sich der Ritter, der Dame zu dienen, sie stellt indes eine Bedingung: Er müsse seine Tapferkeit durch große Heldentaten beweisen. Wie 1468 in Brügge erscheint das gewählte Thema immer aufs neue bei den Kampfspielen, läßt sich doch der Ritter von wilden Männern und Frauen in langem goldenem Haarschmuck begleiten. Die Bedeutung derartiger Themen verdiente eine ganze Untersuchung für sich, die über den Rahmen des vorliegenden Artikels hinausgeht. Begnügen wir uns damit, hier einerseits ihre enge Beziehung zu einer höfischen, den Ablauf der Kampfspiele bestimmenden Ethik und andererseits die Art hervorzuheben, wie sie eine Gesamtvorstellung[5] inszenieren.

Der Ablauf eines *pas d'armes* läßt sich kurz folgendermaßen wiedergeben: Der Ort der *joutes*, die *lices***, ist ein sorgfältig abgegrenzter Raum auf freiem Gelände (beim *Pas de la Fontaine aux Pleurs* in der Umgebung von Chalon-sur-Saône) oder innerhalb der Stadt (beim *Pas de l'Arbre d'Or* in Brügge). In der Mitte dieses Raums befindet sich ein *gefährlicher Übergang*, nach dem der *pas* benannt wird und der dessen allegorische »Botschaft« trägt. Hier schlägt der Veranstalter der *joutes* sein Zelt auf und hängt sein Wappenschild an eine deutlich sichtbare Stelle (oft an einen Baum), womit er seinen »Willen zu Waffentaten« bekundet. Mit

* Karte des Liebeslandes in Madeleine de Scudérys Roman »Clélie« (d. Ü.)

** Schranken; Turnierplatz (d. Ü.)

anderen Worten: Er richtet seine Herausforderung nicht an einen namentlich genannten und vorher bekannten Gegner, sondern an jeden Ritter, der sich entschließt, diese Herausforderung anzunehmen – es genügt, den Schild zu berühren. Der Turnierbewerber wird dann vom Wappenherold in die Schranken geführt. Der Herold hat die Aufgabe, die Bewerber an ihrem Wappen zu erkennen und sie den Turnierrichtern vorzustellen, deren Einverständnis für die Teilnahme der Kandidaten an den Kampfspielen unerläßlich ist.[6]

Die eigentlichen Kämpfe finden grundsätzlich in der Reihenfolge statt, in der die Bewerber eingetroffen sind. Die Bedingungen werden von der Turnierordnung im voraus festgelegt, mitunter in Briefen, doch zumeist durch die Vermittlung der Herolde, die das Turnier »auszurufen« haben, anders ausgedrückt, sie müssen dafür sorgen, daß es öffentlich bekannt wird.[7] Es kann auch sein, daß die Bedingungen der *joutes* im letzten Augenblick durch die Farben der Wappenschilde offenbart werden, die der Veranstalter wählt: In Chalon-sur-Saône bedeutet der weiße Schild einen Kampf mit der Streitaxt, der violette einen Kampf mit dem Schwert und der schwarze einen Kampf mit der Lanze.

In den von uns behandelten Berichten sind die Turnierteilnehmer alle Angehörige des Adels,[8] dennoch unterscheiden sie sich beträchtlich in ihrer gesellschaftlichen Stellung. Wenn diese Treffen vor allem im Glanz der Großen erstrahlen, die sich in ihrer ganzen Macht zeigen und sich mit Verwandten und Dienerschaft umgeben, so sind sie auch für die besitzlosen Adligen und insbesondere für die jüngeren Söhne der Adelsfamilien eine Gelegenheit, »Ruhm und Ehre« zu gewinnen, das heißt die Anerkennung der Gruppe anstelle des fehlenden Vermögens. In diesem Zusammenhang ist die äußere Erscheinung offenkundig von größter Bedeutung, vornehmlich für diese Jungen, die fahrenden Ritter,[9] die eine Stellung suchen. Wenn sportliche Fähigkeiten ein Trumpf auf dem Weg zum Erfolg sind, so kommt der äußeren Erscheinung der Turnierkämpfer, die von den versammelten Zuschauern und besonders von den Damen gewürdigt wird, kein geringerer Wert zu. Überdies dient prächtige Kleidung ebenso wie ein wohlgestalteter Körper und eine gute Gesamterscheinung als Hinweis auf eine hohe Geburt: Dem Empfindungsvermögen des Mittelalters zufolge ist Schönheit stets mit Reichtum verbunden. Tatsächlich sind die *joutes* gleichzeitig Wettkämpfe zwischen geübten Rittern und ein Wettbewerb in gutem Aussehen, bei dem es zu einer sehr lebhaften Rivalität kommt.

Die Berichte, auf die wir uns stützen, sind von Geschichtsschreibern verfaßte Chroniken. Diese Chronisten stehen den Höfen nahe, hauptsächlich dem burgundischen Hof. Außerdem benutzen wir Beschreibungen von *pas d'armes*, die wahrscheinlich von den bei diesen Festen anwesenden Wappenherolden stammen. Sie alle sind dem Hofstaat der Hochadligen gewidmet, und deren »große Taten« sollen der Nachwelt überliefert werden. Sie alle verherrlichen ein Ritterideal, dem man außer den Motiven, an denen sich die eigentlichen Feste inspirieren, die Grundzüge eines gesellschaftlichen Verhaltens entnimmt, dessen Leitbegriff die *honnêteté** ist.

Auf den ersten Blick wirken diese Berichte recht eintönig. Die Autoren schildern eingehend die Vorbereitungen der Kampfspiele, die Ankunft der Bewerber auf dem Kampfplatz – ein Schwerpunkt der Beschreibung –, dann die einzelnen Treffen, die Bankette und

* Das Wesen eines *honnête homme*, eines geistvollen »Ehrenmannes« mit vollendeten Umgangsformen (d. Ü.)

Tänze, mit denen die Turniere enden. Die sportlichen Ergebnisse werden nur knapp kommentiert: Obgleich sie bei der Ermittlung des Siegers ihre Bedeutung haben, gehören sie nicht zum historiographischen Plan des Erzählers. Wenn es sich hingegen um die einzelnen Männer und die Gruppen handelt, ist man von der redseligen Genauigkeit des Hofkenners überrascht, dessen an die Etikette gewöhntes Auge gewissenhaft die Zusammensetzung der Aufzüge und die unterschiedliche Zeit ihrer Ankunft verzeichnet. Und gerade das interessiert uns hier: die Komponenten, aus denen die Beurteilung eines Bewerbers besteht, und die Art, in der dieser dem Bild des idealen Turnierkämpfers entspricht oder nicht.

Der Reiter und sein Reittier: ein untrennbar zusammengehöriges Ganzes

Die Kleidung nimmt in unseren Turnierschilderungen grundsätzlich wenig Raum ein. Was als erstes beschrieben wird, und das auch noch ungenau, ist die Ausrüstung des Reiters, die auf die Art des Treffens hinweist: Im *Pas du Perron Fée*, bei dem die Reiterwettkämpfe mit Lanze und Schwert die Benutzung eines Harnischs und für den Krieg geeigneten Sattelzeugs erfordern, wird der erste Bewerber als »beritten und mit Harnisch und kriegerischem Sattelzeug ausgerüstet« vorgestellt, die folgenden mit der lakonischen Formel »beritten und ausgerüstet, wie es sich gebührte«. Gaston Leseur, ein Chronist, der sich ausgezeichnet auf die Kunst des Schilderns versteht, verweilt zunächst bei den Schabracken der Pferde und geht dann schnell über die Kleidung hinweg: Wenn er sie erwähnt, so begnügt er sich damit, sie als mit der Schabracke »völlig übereinstimmend« zu bezeichnen, »ebenso bedeckt«, mit anderen Worten, er kümmert sich nur um den

Stoff. Während etwa der Autor des *Pas du Perron Fée* einen Unterschied zwischen dem Reittier, das *bedeckt* ist, und dem Reiter macht, der *bekleidet* ist, gebraucht Gaston Leseur beide Begriffe, ohne jedoch zwischen ihnen zu differenzieren. *Bekleidet* wird zumeist als Oberbegriff benutzt, der sich auf die Ausrüstung des Reiters bezieht.

Die eigentliche Kleidung hat also keine selbständige Existenz. Sie muß mit der Schabracke des Pferdes, die im Aufputz des Turnierkämpfers wohl das grundlegende Element zu sein scheint, zusammen gesehen und gedacht werden. Die Schabracke trägt nämlich die Farben und das Wappen des Bewerbers, der sich so als Angehöriger eines Hofstaats und als Gruppenoberhaupt vorstellt: Wenn die Chronisten einen Aufzug schildern, verzeichnen sie sehr sorgfältig Stoff, Farbe und Schmuck der Schabracken, und zwar sowohl in bezug auf das Pferd des Turnierkämpfers als auch auf die seiner Begleiter. Die Kleidung wird lediglich erwähnt und ist wahrscheinlich aus dem gleichen Stoff wie die Schabracke, obwohl man dies nicht immer angibt.

Im Gefolge muß man die Gruppe der Verwandten und Verschwägerten hervorheben, die durch Namen und Verwandtschaftsgrad der einzelnen Personen genauer bestimmt wird. Deren Ausrüstung und Kleidung werden mit Stillschweigen übergangen: Wichtig sind allein die moralische Bürgschaft und die Autorität, die der Turnierkämpfer von dieser Gruppe erhält. Die Gruppe der Diener existiert nur als »einheitlich gekleidetes Ganzes«, das sich dem Aufputz des Bewerbers anpaßt. In diesem Fall wird die Ausstattung mit Kleidung und Schabracken sowohl von ästhetischen Auswahlprinzipien als auch von hierarchischen Zwängen bestimmt, die im Zusammenhang mit der Person des Turnierkämpfers selbst stehen.

Wenn der Bewerber einerseits zu einer Gruppe gehört, die man als Ganzes ansehen muß, so ist er andererseits durch seine Stellung als Vertreter eines Hofstaats, als Anführer einer Truppe und berittener Streiter auch herausgehoben: Innerhalb des Aufzugs ist das aus Reiter und Pferd bestehende Paar eine tatsächliche heraldische und ästhetische Gesamtfigur.[10]

Sich durchsetzen: die Schönheit des militärischen Aufputzes

Wenn der Turnierkämpfer in die Schranken tritt, ist das für ihn ein entscheidender Augenblick, weil er dann mit den versammelten Kampfrichtern und den anderen Teilnehmern in Berührung kommt. Es gilt, einen günstigen und möglichst ausschlaggebenden Eindruck zu vermitteln, die Anwesenden sogar einzuschüchtern, indem man »als Autorität« erscheint. Tatsächlich schildern die Autoren den Einzug in eine belagerte Stadt auf die gleiche Weise wie die Ankunft auf dem Turnierplatz: als einen Triumphzug.

> Er [Gaston IV. von Foix] kam in großem Triumph zu den Galerien. Ihm voran zogen seine Horn- und Trompetenbläser, und er ritt auf einem sehr schönen und starken Streitroß[11] …

Die Anwesenheit der Trompeten- und Hornbläser sowie der Waffenträger gibt dieser Vorstellung ein militärisches Gepräge. Außerdem ist sie das offenkundigste und glanzvollste Zeichen, daß eine hohe Persönlichkeit naht: Im Jahre 1445 in Nancy geht nur dem französischen König »eine große Zahl von Trompetenbläsern, Herolden im Wappenrock und königlichen Waffenträgern« voran. Als beim *Pas de l'Arbre d'Or* der Veranstalter Anton von Burgund im Triumphzug eintrifft, wird sogleich anerkannt, daß ihm der Rang eines

Fürsten zukommt: »Er schien nicht nur ein burgundischer Bastard, sondern der Erbe einer der größten Herrschaften der Welt zu sein.«[12] Daß sich die Aufzüge der Turnierkämpfer und Militärparaden ähneln, darf nicht verwundern: Der *pas d'armes*, der ursprünglich als eine praktische Vorbereitung auf den wirklichen Krieg aufgefaßt wurde, ist grundsätzlich eine Kampfübung, eine Simulation, die alle im Krieg benutzten Manöver nachgestaltet. Da seine Theatralisierung ihm eine Struktur verleiht und seine Ausdrucksweise verändert, kann er sich zu einem Kode der Repräsentation herausbilden.

Als erster und wichtigster Bestandteil des militärischen Aufputzes weist die Schabracke der Reittiere auf die Familienherkunft des Streiters, auf seine Zugehörigkeit zu einem Hofstaat und manchmal auf die Art der Turnierkämpfe hin. Beim *Pas de la Fontaine aux Pleurs* wählt der Veranstalter für die Schabracken seiner Pferde die Farben der Schilde aus, die von seinen Gegnern vor dem Turnier berührt werden, um damit für einen bestimmten Zweikampf zu optieren: für die Kämpfe mit der Streitaxt weiß, schwarz für die Waffen, die bei Kämpfen zu Pferde benutzt werden, violett für die Kämpfe mit dem Schwert. Die Kleidung ist der zweitwichtigste Bestandteil. Sie muß vor allem dem Zweck dienen, den Streiter wirksam zu schützen: Die mitunter aus ästhetischen Gründen verborgene Schutzfunktion ist tatsächlich allgegenwärtig, und die Autoren versäumen nicht, deren Besonderheiten hervorzuheben. Das beweist der kritische Kommentar Georges Chastellains über den Helm eines Turnierkämpfers, dessen handwerkliche Eigenart ihm höchst verdächtig scheint: »ein Eisenhut alter Machart, den man für diesen Zweck [zu einem Helm] zurechtgemacht hatte«.[13]

Die eigentliche Rüstung wird nur erwähnt, wenn

ihre Ausführung nach Ansicht des Chronisten außerordentliche Beachtung verdient. Allein der Helm wird oft beschrieben, zweifellos, weil er die ganze Pracht des Aufputzes in sich vereint. In unseren Berichten ist eine (Straußen- oder Pfauen-) Feder der am höchsten geschätzte Kopfschmuck. Eine solche Feder ziert auch den Kopf des Pferdes, und ihre Farben harmonieren mit denen der Schabracken. Die schleierartigen Helmdecken werden ebenfalls sehr häufig verwendet, wobei sie manchmal sogar den Reiter und sein Tier vollständig einhüllen, deren Gestalten unter dem durchsichtigen Stoff zu erkennen sind. Schließlich ist der Helm auch die bevorzugte Stelle, an der von den Bewerbern die Geschenke der Damen befestigt werden: In Nancy trägt Jacques de Lalaing auf seinem Helm eine reich verzierte Frauenhaube, die mit Perlen bestickt ist und deren goldene Fransen auf dem Boden schleifen.

Die über der Rüstung angelegte Kleidung wird stets erwähnt und mitunter auch beschrieben, weil sie zum einen für die Angehörigen eines Hofstaats als Erkennungszeichen *(livrée*)* dient und weil sie andererseits größere Möglichkeiten für die Auswahl und den Luxus der Stoffe bietet. In den von uns als Beispiel herangezogenen Berichten tragen die meisten Turnierkämpfer über ihrer Rüstung die *manteline*, eine Art kurze, gefältelte Kasel, die durchgehende Seitenschlitze hat, oder auch die *cotte d'armes***, ein Kleidungsstück, das anscheinend eine sehr ähnliche Form hat, indes weniger geschätzt wird. Die Pagen benutzen beinahe immer ein dementsprechendes Kleidungsstück, das häufiger *journade* oder *journée* genannt wird.[14] Die meisten anderen Diener tragen den *hoqueton*, ein sehr kurzes und eng-

* Kleidung in den Farben eines adligen Herrn, mit der dieser sein Gefolge ausstattet (d. Ü.)
** Waffenrock (d. Ü.)

anliegendes Kleidungsstück, doch manchmal auch die *manteline* oder die *journée*.

Diese Beispiele lassen erkennen, daß die Terminologie wenig streng gehandhabt wird. Unterschiedliche Begriffe geben Realien wieder, die einander weitgehend gleichen, so daß es nicht möglich ist, eine systematische Beziehung zwischen jeder Gruppe innerhalb des Gefolges und der für sie bestimmten Kleidung herzustellen. Aus denselben Gründen darf man als gewiß annehmen, daß ein Turnierkämpfer keinen Beweis für Originalität oder Individualismus liefert, wenn er sich für einen Kleidungstyp und nicht für einen anderen entscheidet. Die unterschiedlichen Termini könnten sich jedoch mit Begriffen aus einzelnen *Moden* decken, worunter räumliche und zeitliche Varianten ein und desselben Kleidungsstücks zu verstehen sind. In der Tat reagieren die Autoren sehr sensibel auf solche Kleidungsformen, die sich von denen unterscheiden, wie sie in ihrem eigenen geographischen und kulturellen Bereich üblich sind. Daher kann man nicht nur feststellen, daß es *ältere* Moden gibt, die im Gegensatz zu den zeitgenössischen Moden stehen, sondern auch deutsche, italienische und spanische Moden, und bisweilen trägt das Kleidungsstück den Namen seines Ursprungslandes (wie etwa die sogenannte *italienische journée*).

Beeindrucken: Pracht und Vielfalt des Aufputzes

> So war es denn eine sehr große Freude, die prächtigen Dinge und reich geschmückten Kleider zu sehen, die jene Herren und andere in ihrem Gefolge besaßen [M. d'Escouchy, Nancy].

Für manche Autoren ist der wichtigste Aufputz des Turnierkämpfers die »Gesellschaft«, das Gefolge, das er um sich versammelt: Verwandte, Freunde und Diener. Wenn sich an der Spitze des Aufzugs, noch vor dem Turnierkämpfer, eine Gruppe von Adligen befindet, zeigt dies sogleich, mit wem man es zu tun hat. Beim *Pas du Perron Fée* werden von den fünfzig Rittern, die an den Treffen teilnehmen, acht von wichtigen adligen Persönlichkeiten begleitet, die sich untereinander mit ihrem Verwandtschaftsverhältnis nennen und bezeichnen: eine »Clan«-Verbindung, bei der die Demonstration der Familieneinheit für den Bewerber zweifellos ein zusätzlicher Autoritätsbeweis ist. Beim *Pas de l'Arbre d'Or* werden die Personen selten genannt, die den Turnierkämpfer begleiten (falls er zu den Rittern gehört, aus denen die Mehrheit der Teilnehmer besteht), ausgenommen sind lediglich solche Persönlichkeiten wie der Herzog von Burgund, der Konnetabel von Frankreich usw. Ihre Zusammenfassung unter den allgemeinen Begriffen »Edelleute«, »Ritter« und »Knappen« erlaubt gleichwohl keinen Zweifel am hohen Rang des Bewerbers, der eine solche Begleitung hat.

Hinter dem Turnierkämpfer kommt eine weitere Gruppe, die aus berittenen Dienern besteht und bei der man zwei Kategorien unterscheidet: in Nancy die Pagen und Edelleute, beim *Pas de l'Arbre d'Or* die Pagen und Ritter. Obwohl diese Personen den Abschluß des Aufzugs bilden, scheinen sie ebenso wichtig wie die Spitzengruppe zu sein, und sie lenken die besondere Aufmerksamkeit der Chronisten auf sich, die offenbar die Zahl der Diener sorgfältig registrieren: In Nancy haben außer dem französischen und dem sizilianischen König nur die Grafen von Saint-Pol und von Foix sowie der Herzog von Bourbon ein Gefolge von sechs Paradepferden, auf denen sechs Pagen reiten, und von zwölf Edelleuten, während die übrigen Turnierkämpfer über drei bis vier Pagen und sechs bis zehn Edelleute verfügen. Doch die Zahl der Diener ist wegen der Zahl des Aufputzes und seiner Anordnung von wesentlichem Wert. Wie Françoise Piponnier sehr zutreffend bemerkt hat, ist der Aufzug vor allem ein »visuelles Ganzes von Leuten und Pferden mit dem Souverän im Mittelpunkt, das jedoch dessen prachtvolle Erscheinung außerordentlich wirkungsvoll hervorhebt«.[15]

Wie wurden diese Gruppen von den Zuschauern beurteilt? Nicht so sehr die Kleidungsstücke als vielmehr die Farben und Stoffe ermöglichen einige Einschätzungen.

Gänzlich einfarbige Aufzüge sind selten. Noch seltener sind die Gruppen, bei denen der Turnierkämpfer nicht allein die gleichen Farben, sondern auch die gleichen Stoffe wie sein Gefolge trägt: ein einziger Fall in Nancy (der französische König), in Châlons-sur-Marne (der Konnetabel von Frankreich) und in Brügge (der Neffe Philipps des Guten). Der Stoff in den genannten drei Fällen ist Samt, ein sehr geschätztes Seidengewebe, das selten für das gesamte Gefolge benutzt wird. In anderen Fällen, da durch Einfarbigkeit der Eindruck von Geschlossenheit vermittelt wird, dienen die unterschiedlichen Stoffe dazu, die Rangunterschiede zu bezeichnen. Bei einer Gruppe in Châlons-sur-Marne zum Beispiel, die einheitlich blau und violett gekleidet ist, bleibt Goldstoff dem Turnierkämpfer vorbehalten, die Pagen tragen Samt, die Edelleute Atlas und die Pferde Atlas und Damast, zwei damals sehr geringgeschätzte Seidengewebe.

Manchmal entscheidet sich der Turnierkämpfer außerdem, in farblichem Kontrast zum restlichen Aufzug zu erscheinen, der auf Grund seiner gemeinsamen Farbe einen einheitlichen Eindruck macht: In Châlons-sur-Marne ist ein adliger Herr in karmesinroten Samt und sein Gefolge in grünen und violetten Atlas gekleidet. In anderen Fällen gilt die Einfarbigkeit nur für die Männer, während jedes Pferd eine andere Schabracke trägt. Schließlich kann der Aufzug ein farbenprächtiges Ganzes bilden, wenn jeder Reiter und jedes Reittier andere Farben tragen. Auf Grund dieser Beispiele erweist es sich somit als schwierig, Regeln für die Farbenkombinationen herauszuarbeiten. Die Mehrfarbigkeit scheint jedoch zu überwiegen, während die Einfarbigkeit den größten Herren vorbehalten bleibt, zweifellos, weil sie die augenfälligste visuelle Darstellung der Einheit eines fürstlichen Hofstaats ist. Die Ausstattung mit unterschiedlichen Stoffen, die von unseren Autoren sorgfältig verzeichnet wird, legt indes nahe, die Einfarbigkeit dieser Gruppen für einen trügerischen Schein zu halten: Wenn von der Farbe die Illusion der Gleichheit ausgeht, so erhält der Unterschied bei den Stoffen, obwohl er für den Zuschauer weniger deutlich hervortritt, die Hierarchien aufrecht.

Der Turnierkämpfer wird gleichzeitig danach beurteilt, wie zahlreich die Bestandteile seines Aufputzes sind und wie oft er sie erneuert. Die Bedeutung, die man dem Wechsel des Aufputzes beimißt, läßt vermuten, daß dessen Bestandteile rar und den hochgestellten Herren vorbehalten sind. In unseren Berichten beziehen sich die zwei interessantesten Angaben auf den Turnierveranstalter. Beim *Pas du Perron Fée* trägt dessen Reittier jeden Tag eine neue Schabracke, und ganz gewiß erscheint er selbst auch in immer anderer Kleidung, womit er einen Überraschungseffekt schafft, mit dem man im übrigen sehr wohl rechnet. Die Ankunft des Bewerbers in neuer Aufmachung wird offenkundig als ein Ereignis erlebt, das nicht nur für die Person des Turnierkämpfers, sondern auch für den Verlauf der Treffen wichtig ist. Zunächst einmal ist die Zahl der zum Aufputz gehörenden Stücke das deutlichste Zeichen für den Reichtum des Veranstalters, der so das Signal zur Prachtentfaltung gibt. Als Inbegriff des Prunks, der bei den Festlichkeiten des *Pas de l'Arbre d'Or* zur Schau gestellt wird, nennt Olivier de La Marche die vierundzwanzig Schabracken, die der Veranstalter vorführt. Das häufige Wechseln des Aufputzes ist außerdem eine Erscheinungsform der Freigebigkeit, die jeder einem vornehmen Geschlecht entstammende Ritter unter Beweis stellen muß.[16] Wenn man den Aufputz vervielfacht, so nicht, um eine gewisse Koketterie zu befriedigen, vielmehr will man glanzvoll auftreten, eine Haltung, die den Bewerber und auch seinen Gegner ehrt: Beim *Pas du Perron Fée* erneuert der Veranstalter seinen Aufputz, wenn er »gegen jene kämpfte, die zu seinem *pas* kamen«. Am Ende der *joutes* wird er als der im Waffenhandwerk erfahrenste, jedoch auch als der am prunkvollsten auftretende Ritter angesehen: »und mit dem größten Reichtum an Schabracken und Kleidung, der seit Menschengedenken gesehen wurde«[17].

Die Pracht des Aufputzes widerspiegelt den Wettkampfgeist, der unter den Bewerbern herrscht: Wenn man freigebig auftritt, so ist das auch eine Form, sich mit dem Gegner zu messen und Druck auf die Anwesenden auszuüben. Tatsächlich findet in den von uns herangezogenen Berichten stets derjenige Bewerber allgemeine Anerkennung, der von Anfang an zu imponieren weiß.

Staunen erregen: die Maskeraden

Das Theatralische mancher Aufzüge ist eine weitere »Waffe« in einem Kampf, in dem man die Turnierrichter und die versammelten Zuschauer verführen will. Es bezweckt durchaus nicht, einen wenig bekannten Bewerber zu »lancieren«. In den von uns gewählten Beispielen sind diejenigen, die sich für Maskeraden entscheiden, keine unbedeutenden Landjunker: Es handelt sich um den Sohn eines Konnetabels von Frankreich, um einen Neffen Philipps des Guten usw. Allerdings beteiligen sich sehr hochgestellte Persönlichkeiten nicht an Kostümierungen: Ihr einheitlicher Aufzug, dessen Ordnung der im Gefolge vorhandenen hierarchischen Gliederung entspricht, dient vor allem dazu, ihre eigene glorreiche Erscheinung hervorzuheben, auf die sich die Aufmerksamkeit der Zuschauer konzentrieren soll. Da eine Maskerade die Kontinuität unterbricht und etwas Unerwartetes einführt, bewirkt sie hingegen, daß die Aufmerksamkeit verteilt wird. Man sieht sich daher zu der Annahme veranlaßt, daß eine Maskerade zwar Sache hochgestellter Persönlichkeiten ist, jedoch solcher, die eine weniger bedeutende politische Rolle spielen und aus diesem Grund größere Freiheit genießen, sind sie doch nicht gezwungen, sich an die strenge Etikette zu halten. So ist René von Anjou, der als König von Sizilien eine sehr untergeordnete Rolle spielt, für seine phantasievolle Kleidung und besonders für seine Neigung zu maurischen und türkischen Moden berühmt.

Eine gelungene Maskerade läßt sich mit den *entremets* vergleichen, die den Mahlzeiten der Fürsten eine rhythmische Ordnung geben: Es gilt, durch die Neuartigkeit des Themas, den Glanz der Inszenierung, mit einem Wort, durch die Prachtentfaltung zu überraschen. Diese mondäne Lustbarkeit kommt also nur für die wohlhabendsten Turnierkämpfer in Betracht. (Überdies wird sie trotz ihres Erfolgs in unseren Berichten nur selten erwähnt.) Das Tragen von fremdartigen – befremdlichen und zugleich fremden – Kleidungsstücken kann zu einer wirklichen Inszenierung gehören, die um die Person des Turnierkämpfers ein Mysterium entstehen läßt. Und gerade das ist der

Sinn der Maskerade: Sie soll die Identität des Bewerbers verbergen. Er stellt sich nicht selbst vor, sondern läßt sich von einer anderen Person geleiten, die ihn ankündigt und sich für ihn bei den Damen verwendet. Diese Person führt oft das Phantastische in die Inszenierung ein: Sie ist ein Zwerg, ein Riese, ein »fahrendes Edelfräulein« usw. In einer weiter ausgearbeiteten Darstellungsform verkörpert der Turnierkämpfer eine Rolle, von der die Gestaltung des Aufzugs abhängt: Beim *Pas de l'Arbre d'Or* wird ein adliger Herr von einem »fahrenden Edelfräulein« geleitet, und ihm folgen vier nach orientalischer Art gekleidete Ritter, auf deren Gewand die Worte gestickt sind: »der versklavte Ritter«, der Name, mit dem sich der Bewerber vorstellt.

Bei solchen Maskeraden steht der Aufputz ganz im Dienst der Inszenierung, die er »tragen« soll. Wenn sich in ihnen die Traumvisionen scheinbar frei entfalten, so schöpfen diese doch aus einem beschränkten Reservoir: dem Orient, den Kreuzzügen, der Artusritterschaft, der Antike. Geschätzt wird weniger die individuelle Neuerung als solche, also die Originalität, sondern die Treue zu einem meist literarischen oder historischen Vorbild. So verdankt der *versklavte Ritter* seinen Erfolg der einheitlichen Zusammensetzung seines Gefolges, dessen höchst kunstvolle Wirkung sich daraus ergibt, daß es als außerordentlich harmonisches Ganzes erscheint: für alle die gleiche Kleidung (die auch der Ritter selbst trägt), die gleichen langen Bärte und die gleichen, reich verzierten Lanzen.

Verführen: die Eleganz des Turnierkämpfers

Die Beurteilung des Bewerbers hängt jedoch nicht nur von der Zusammensetzung seines Aufzugs ab. Die Person des Turnierkämpfers selbst, jene Gestalt, auf die alles ausgerichtet ist, zieht vorrangig die Aufmerksamkeit auf sich.

Zuallererst führt die kriegerische Tracht des Turnierkämpfers zu Kommentaren über dessen körperliche Vorzüge; er muß »groß und hochgewachsen« sein (Olivier de La Marche) und »lange Arme und Beine« haben (Guillaume Leseur). Als Indiz für sportliche Fähigkeiten ist die Körperkraft auch und gerade ein Zeichen der Tapferkeit, einer Rittertugend, die untrüglich den Mann von vornehmer Herkunft zu erkennen gibt. Olivier de La Marche vergleicht einen hohen burgundischen Herrn ohne weiteres mit einem der »neun Helden«, jener Schirmherren der mittelalterlichen Ritterschaft, die sich die Turnierkämpfer zum Vorbild nehmen.[18]

Die Gesamterscheinung ist das erste, womit sich die Chronisten länger beschäftigen. Nehmen wir zum Beispiel den berühmten Ritter Jacques de Lalaing, den Georges Chastellain in Nancy beschreibt:

> Als er so gerüstet und gekleidet, wie Ihr hört, auf sein Roß gestiegen war, schien er wirklich ein vornehmer Mann zu sein, wenn man sein Auftreten und seine Haltung sah und betrachtete: Jene, die dort waren, konnten sich an seinem Anblick nicht satt sehen, weil sie solche Freude daran fanden.
> [...]
> Er war groß und von geradem Wuchs, all seine Gliedmaßen waren gutgebaut und wohlgestaltet, er hatte ein schönes und angenehmes Gesicht, benahm sich sanft, liebenswürdig und höflich; er sah wie ein kühner Mann aus; an ihm gab es nichts, was unschicklich gewesen wäre. Jene, die ihn vorüberreiten sahen, betrachteten ihn mit Vergnügen. Die edlen Damen und Fräulein blick-

> ten ihn sehr gern an; und mit gutem Grund durfte man glauben, daß es einige gab, die bereitwillig ihren Ehemann für ihn eingetauscht hätten, wenn so etwas möglich gewesen wäre.

Es lohnt sich, diesen Text in voller Länge zu zitieren, denn er führt alle persönlichen Trümpfe des idealen Turnierkämpfers an. An erster Stelle kommt die Haltung, die den Blick auf sich zieht und zu einer ausführlicheren Beschreibung veranlaßt. Es folgen die körperlichen Vorzüge, von denen weiter oben gesprochen wurde. Der Autor beschäftigt sich besonders eingehend mit dem Gesicht, dessen Ausdruck den Charakter widerspiegelt. Lalaings Verführungsmittel ergeben sich übrigens weniger aus rein körperlichen Vorzügen als vielmehr aus der Art und Weise, wie diese auf Tapferkeit und Kampfesmut, Ritterlichkeit und Liebenswürdigkeit hindeuten: Der vollendete Ritter ist jener, der die Blicke mit einem Auftreten fesselt, das seinen edlen Charakter offenbart.

Es handelt sich also um ganz »natürliche« Verführungsmittel, die man nicht mit der trügerischen, auf Kunstgriffen (bei Kleidung, Schminke usw.) beruhenden Verführung verwechseln darf. Die Lust zu gefallen ist hier vollständig legitim und stimmt mit der mittelalterlichen Denkweise überein, für die ein schöner Körper der Ausdruck einer schönen Seele ist. In diesem Zusammenhang kommt der Kleidung eine ungewöhnliche und positive, jedoch ganz untergeordnete Rolle zu, da diese nicht darin besteht, den Träger zu *verschönern*, sondern darin, ihm zu *gebühren*. Diese relativ geringe Bedeutung erklärt sich aus der mittelalterlichen Vorstellung von der Art, sich zu kleiden, der zufolge jeder Mensch vor allen anderen – insbesondere ästhetischen – Bemühungen darauf zu achten habe, daß er eine Kleidung trägt, die seinem sozialen Status genau entspricht. So wird der Satz verständlich: »An ihm gab es nichts, was unschicklich gewesen wäre.«

Wenn der Autor aufmerksam registriert, wie »gut« Lalaing seine Kleidung trägt, so meint er weniger deren Eignung, den Körper zur Geltung zu bringen, als vielmehr deren Möglichkeit, sich dem Körper anzupassen: Ein langes Gewand stehe diesem Mann gut, »denn er war hochgewachsen und hatte ein frisches und rosiges Gesicht«. Die Kleidung hat in ihrer Beziehung zum Träger offenbar die gleiche Rolle wie das Gefolge in seiner Beziehung zum Turnierkämpfer: die eines Schmuckkästchens, das an der Schönheit des Bewerbers teilhat, ohne jedoch eines ihrer wesentlichen Elemente zu sein. Die Schönheit der Kleidung und ihre reiche Verzierung werden übrigens nie erwähnt und haben keine selbständige Existenz: Kleidung ist nur vorhanden, wenn sie getragen wird, und die Eleganz des Turnierkämpfers besteht darin, wie er den Aufputz vorführt.

Ein Begriff, der sehr häufig vorkommt, um die getragene Kleidung näher zu bezeichnen, ist *honnêteté*, die im Sinn von »Maß« gebraucht wird. Wenn es sich um die Kleidung handelt, ist das Maß ein Gleichgewicht, das zwischen übertriebenem Luxus, dem Kennzeichen eines hoffärtigen, narzißtischen Charakters, und allzu großer, als Nachlässigkeit verdächtigter Schlichtheit liegt. Es ist ein Schutzschirm, der sich dem Status jedes einzelnen anpassen läßt: Ebenso wie Prunk bei einem Herrn aus bescheidenen Verhältnissen anstößig wirkt, steht einem hochgestellten Herrn ein zu bescheidener Aufputz sehr schlecht an. Die Autoren berücksichtigen bei ihren Urteilen die Besitzunterschiede zwischen den Turnierkämpfern, so daß man zum Beispiel »ehrbar aufgeputzt« und »prunkvolles Auftreten« als Hinweise auf unterschiedliche Vermögensverhältnisse und gleichzeitig als einander entsprechende Ausdrücke auffassen kann.

Achtung vor der Rangordnung gilt ebenfalls bei der Gesamterscheinung. Auch hierbei wird ein ehrbares Auftreten als ein Gleichgewicht, eine kluge Dosierung von Selbstvertrauen (Unerschrockenheit, Kühnheit) und Bescheidenheit bestimmt.

Prunkvoller Aufputz ist daher nicht von einer gewissen praktischen Erfahrung zu trennen, die es dem Bewerber ermöglicht, seine vollkommene Kenntnis der sozialen Kodes zu beweisen. Auch wenn der Turnierkämpfer von einem eigens hierfür gebildeten Gremium beurteilt wird, Bestätigung findet er ebenfalls durch die versammelten Damen. Obwohl sich die Texte über sie weitgehend ausschweigen, sind die Damen während des ganzen Verlaufs der *joutes* anwesend: bereits wenn der Bewerber in die Schranken tritt und sie ihm das Recht gewähren, an den Kampfspielen teilzunehmen, indem sie ihm das »Willkommen« entbieten; während der eigentlichen Turnierkämpfe, bei denen sie den Bewerber unterstützen, der einen Schleier, einen Ärmel oder ein anderes Kleidungsstück aus ihrer Hand trägt; endlich beim Abschluß der *joutes* und zur Übergabe der Preise, eine Zeremonie, die mit gutem Grund »Preis der Damen« genannt wird. Schließlich ist eine Dame, wie wir gesehen haben, oft die Initiatorin des *pas d'armes*.

Der Turniersieger ist nicht lediglich der geübteste Streiter oder der am prunkvollsten auftretende hohe Herr. Er ist auch derjenige, der persönlichen Charme und gute Umgangsformen besitzt. Verführungskunst und Beherrschung der sozialen Kodes erscheinen als Vollendung des komplexen Bildes eines idealen Ritters. Der Aufputz, der ja gerade die Aufgabe hat, diese Übereinkunft auszudrücken und zugleich deren Mehrdeutigkeit zu wahren, ist in der Tat eine Strategie.

Auf dem Spiel steht einiges, erweist sich doch das Turnier als eine Gelegenheit, die eigene Macht zu bestätigen, als ein Mittel, in aller Augen Geltung zu erringen, indem man für bestimmte Werte eintritt, als eine Hoffnung auf sozialen Aufstieg[19] und als das Bemühen, in Erscheinung zu treten.

In den von uns herangezogenen Berichten verbirgt der schöne Schein die sozialen Aspekte so weitgehend, daß er aus dem eigentlichen Kampfspiel eine Parade mit starrem Ritual macht, dessen mondäner Charakter von vielen Autoren für oberflächlich gehalten wurde. Es wäre richtiger, in derartiger Repräsentation den Ausdruck gerade jener Sensibilität zu sehen, die der Historiker gern erfassen möchte. Bei den *joutes* und *pas d'armes* wird alles streng durch eine genaue schriftliche Ordnung reglementiert, die von Fachleuten, nämlich den Wappenherolden, gebilligt ist: Die Regeln für die Bekanntmachung der Turniere, die Regeln für die Kämpfe, die Regeln für das Betreten des Platzes, die Regeln für die Kampfformen, die Regeln für die Zuschauer, die Regeln für die Rangordnung bei den Mahlzeiten, nichts bleibt dem Zufall überlassen. So ist denn die Freiheit, mit der sich die Bewerber vorstellen, ganz relativ, und manchmal wirkt sie sich zu deren Ungunsten aus. Betonen wir noch einmal, daß man in der Person des Siegers nicht das erfindungsreiche Original ehrt, vielmehr den *prudomme*, den erfahrenen Mann, der seine vollkommene Kenntnis der Bräuche beweist und sich nach ihnen richtet; um so besser, wenn er wie Jacques de Lalaing einen persönlichen Charme besitzt, dem niemand widerstehen kann. In diesem Sinne kündigt der Turnierkämpfer des ausgehenden Mittelalters den Höfling an, und die Turniergesetze sind in vieler Hinsicht eine Vorwegnahme der Hofetikette.

Deutsch von Ulrich Kunzmann

1 Johan Huizinga, *Herbst des Mittelalters*, hrsg. von Kurt Köster, Alfred Kröner Verlag, Stuttgart 1975, S. 50 ff.

2 Norbert Elias, *Die höfische Gesellschaft. Untersuchungen zur Soziologie des Königtums und der höfischen Aristokratie*, Frankfurt a. M. 1983.
Überdies stammt die in der Neuzeit befolgte sogenannte spanische Etikette ursprünglich vom burgundischen Hof, der sie an Österreich und dann an Spanien weitergab, von wo sie nach Frankreich zurückkehrte.

3 Johan Huizinga, *Herbst des Mittelalters*, a. a. O., S. 51.

4 Im Jahre 1492 veranstaltet Heinrich VII. von England ein Turnier, um seine Waffenträger für einen bevorstehenden Frankreichfeldzug zu erproben (M. Vale, *War and Chivalry*, Duckworth, London 1981, S. 63).

5 Diesen Ausdruck prägt Alice Planche in einem Artikel über den *Pas de la Fontaine aux Pleurs* (*Le Moyen Age*, 1975, 4. Folge, Bd. 30, S. 97–128).

6 In den von uns angeführten Berichten ist, wie wir weiter unten sehen werden, die Meinung der Frauen für die Annahme oder Ablehnung eines Bewerbers ebenso entscheidend.

7 Der Wappenherold hat vielfältige Aufgaben, die aus ihm am Ende des Mittelalters eine sehr wichtige Persönlichkeit machen. Zunächst einmal ist er derjenige, der die Wappen kennt und einen Ritter an seinem Schild identifizieren kann. Dank seiner Wappenkenntnisse erhält er sehr bald die Befugnis, die heraldischen Regeln festzulegen und wappenkundliche Abhandlungen zu verfassen. Außerdem gibt er nach Art der heutigen Sportreporter den Zuschauern bekannt, daß die Bewerber auf dem Kampfplatz erscheinen. Schließlich tritt er als Fürstenbote auf und kann so die Rolle eines Botschafters spielen. Vgl. zu diesem Thema den Artikel von P. Adam-Even in *Archives héraldiques suisses*, LXXI (1975), S. 2–33.

8 Der berühmte, René von Anjou zugeschriebene *Traité de la forme et devise comme on fait les tournois* behält dieses Kampfspiel den Adligen vor, obwohl damals die Angehörigen des Stadtbürgertums ebenfalls *joutes* veranstalten, zu denen man Adlige einlädt. Siehe hierzu die Arbeiten von Thomas Zotz und den Sammelband *Das ritterliche Turnier im Mittelalter*, hrsg. von Josef Fleckenstein (Veröffentlichung des Max-Planck-Instituts), 1985.

9 In der mittelalterlichen Gesellschaft verweist der Begriff *Junge* weniger auf eine Altersklasse als auf eine besitzlose soziale Gruppe, die nachgeborenen Söhne von Adelsfamilien: Da das

unteilbare Erbe dem Ältesten zufällt, müssen die übrigen Söhne versuchen, sich außerhalb der Familiengüter ein Einkommen zu verschaffen. Während der ganzen Zeit, in der sich diese »Entwurzelten« um eine Stellung bemühen, werden sie *Junge* und manchmal auch *Fahrende* genannt. Siehe hierzu die Arbeiten Georges Dubys.

10 In diesem Zusammenhang benutzen wir daher den Begriff »Aufputz« *[parure]*, um die vollständige Ausrüstung des Reiters und seines Reittiers zu bezeichnen, während das Wort »Kleidung« seinen gewöhnlichen, engeren Sinn beibehält.

11 Gaston Leseur, *Histoire de Gaston IV de Foix*, Bd. 1, S. 184.

12 Olivier de La Marche, *Chroniques*, Bd. 3, S. 188.

13 *Le Livre des faits de Jacques de Lalaing*, S. 216.

14 Diese typisch italienische Kleidung entspricht in ihrer Form der *manteline*, ist jedoch etwas länger (sie reicht bis zur Mitte der Oberschenkel); in der Mitte des 15. Jahrhunderts erfreut sie sich beispielloser Beliebtheit.

15 Françoise Piponnier, *Costume et Vie sociale: la cour d'Anjou (XIV–XVe)*, Mouton, Paris 1970, S. 59. Man interessiert sich hier nicht für die Form, in der die gesellschaftlichen Hierarchien von den Aufzügen widergespiegelt werden, sondern für die Modelle, von denen sich die Turnierkämpfer inspirieren lassen.

16 Was geschieht mit diesem Aufputz, sobald die Festlichkeiten vorüber sind? Einige Stücke werden den Spielleuten, ja sogar den armen Rittern geschenkt: Das ist die eigentliche Freigebigkeit. Andere sind dazu bestimmt, den Kirchenschatz zu vergrößern: Die beim *Pas de la Fontaine aux Pleurs* benutzten Ausschmückungen und Kleider werden hierauf in der Kirche Unserer Lieben Frau von Boulogne aufgehängt.

17 *Pas du Perron Fée*, S. 82.

18 Diese Helden sind der Antike, der jüdischen Geschichte und der Geschichte des christlichen Abendlandes entnommen. Es handelt sich um Hektor, Cäsar, Alexander, Josua, David, Judas Makkabäus, Artus, Karl den Großen und Gottfried von Bouillon.

19 Ein Hauptaspekt des Turniers. Dieser Aufstieg kann durch die Gunst eines mächtigen Herrn erfolgen, der den Jungen in seinen Dienst nimmt, oder einfach durch den Ruhm, den dieser bei den *joutes* erringt, oder auch durch dessen Heirat mit einer reichen Erbin. Um dieses letzte Mittel bemüht man sich sehr bei den *joutes*, die Thomas Zotz als »Heiratsmarkt« darstellt.

MARIE CLAUDE PHAN

Sich schön machen heißt, sich zur Frau machen

Über die Gestaltung des Gesichts im Italien des 15. und 16. Jahrhunderts

Liebe und Schönheit erlangten im 15. und 16. Jahrhundert, im Zusammenhang mit einem grundlegenden Zivilisationswandel, eine ganz neue Bedeutung. Diese Neubewertung gründete sich im wesentlichen auf Marcilio Ficino aus Florenz, der Platon übersetzte und einen Kommentar über das Gastmahl (1469) abfaßte. Durch die Flut der Gedichte und Abhandlungen, die von seinen Gedanken schöpften, erfuhren diese eine außergewöhnliche Verbreitung – wenn auch im allgemeinen um ihre theologische Dimension reduziert. Ohne den religiösen Bezug gerieten seine Vorstellung von der Einheit des Schönen und Guten und seine Lobpreisung der sublimierten Liebe, die gestattet, sich der sichtbaren Schönheit als eines Geschenks Gottes und als Ausdruck einer schönen Seele zu erfreuen, in den für eine gebildete Leserschaft gedachten Werken zumeist zur Rechtfertigung eines gewissen Hedonismus, zum Anlaß, ein Ideal irdischer Perfektion zu errichten, oder zur unbekümmert hingebungsvollen Betrachtung weiblicher Reize. Auch wenn man sich begeistert Platon zuwendete, die Abhandlungen, die vor allem nach 1540 erschienen, waren nicht einem neuen Alcibiades gewidmet, sondern vielmehr den Frauen – sie wurden zur bevorzugten Verkörperung des Schönen.

Abhandlungen, noch von Petrarca beeinflußte Lyrik, überdies Sammlungen mit Schönheitsrezepten und Auflistungen von Vorschriften oder Beanstandungen, auch Komödien und Satiren bezeugten in ihrer Fülle und Mannigfaltigkeit den Wert, der der äußeren Natur der Frauen zugesprochen wurde, und sie lassen erkennen, welch bedeutende Rolle nunmehr das Gesicht in der Gesamtordnung der Schönheit spielte. Auf seinen Vorrang verwies Caterina Sforza, als sie eine größere Anzahl von Schönheitsrezepten für das Gesicht ohne weiteres »Für die Schönheit« betitelte: sich schön machen war also gleichbedeutend mit, sich auf diese oder jene Art ein schönes Gesicht zu schaffen. Unter dem Einfluß von Caterina legte Firenzuola[1] die Rangfolge der verschiedenen Körperteile, zu der das ersichtliche Zusammenwirken von Schamgefühl und Sehgewohnheit führte, in seinem berühmten Dialog über die weibliche Schönheit ganz klar dar. Der Autor leitete daraus die Unterscheidung ab zwischen den oberen Körperteilen, wo die Schönheit wohnt und die folglich zum Vorzeigen bestimmt sind, und den niedren Teilen, dem bloßen Fundament, die verhüllt werden müssen.

Demgemäß zog die Mode des ausgehenden 16. Jahrhunderts die schwindelerregend tief dekolletierten Italienerinnen wieder an und ließ gegen ihren Willen, ja Widerstand, den Stoff bis zum Hals hinaufreichen, sogar bis zum Kinn, zur großen Genugtuung der Sittenrichter.

Nur das Gesicht und die Hand am Ende des schweren und langen Ärmels blieben im Blickfeld. Doch im Zentrum des ästhetischen Interesses stand allein das Gesicht, es gab die Stelle *par excellence* ab, wo sich Kunst und Kunstfertigkeit entfalteten, um eine eindrucksvolle Erscheinung zu produzieren, die über den augenblicklichen Geschmack hinaus eine gewisse Vision von der Stellung der Frau in der Gesellschaft ergab. Über dem Vergnügen stand die Notwendigkeit, schön zu sein.

Die schöne Frau mußte einen Kopf ohne Makel aufweisen. Die Sammlungen von Schönheitsgeheimnissen, die den Damen die beträchtliche Menge von Hunderten von Mixturen anboten, um ihre Schönheit zu bewahren oder zu heben, lieferten auch Hinweise auf Mittel gegen die *Fehler*, die man damals für dem Äußeren abträglich hielt. Gegenstand der Sorge waren die Zeichen und Spuren von Krankheiten wie Kopfgrind, Blattern u. a., Hautflecken – insbesondere die wahrhaft verabscheuten Sommersprossen –, weil sie die Regelmäßigkeit des Teints beeinträchtigten, die »Wundzeichen« und Warzen, die die Glätte der Haut durch Einkerbungen oder Ausstülpungen zerstörten, aber auch Blässe und Bräune, beides gleichermaßen als verheerend angesehen. Da die Bemühungen, diesen Mißgeschicken Abhilfe zu leisten, therapeutischer Art waren und sich auf Besonderheiten bezogen, gingen sie nicht in den üblichen Schönheitsritus ein.

Das eigentliche ästhetische Wirken erstreckte sich zunächst einmal auf das Kapital, das einer jeden Frau gleichermaßen gehört. Ziel allen Mühens war es, sich durch Massage eine üppige Haarpracht zu erhalten – wofür man Fette benutzte, Sud aus Eibischwurzeln oder auch Ziegenmilch, versetzt etwa mit Odermennig. Saubere, weiße Zähne suchte man zu erlangen, indem man sie mit einem Puder aus Perlen oder Koralle putzte und dann mit klarem Wasser spülte oder besser noch mit gutem Wein. Es fehlte nicht an Mitteln, einen schönen Teint zu erreichen – rein, frisch, vielleicht strahlend, auf jeden Fall hell. Für die gründliche Reinigung empfahlen sich Abreibungen mit Puder oder das Auflegen von Masken. Es waren dies einfache Masken, bestehend aus Saubohnen oder aus zerstoßenen

Gerstenkörnern, denen Fett oder Schleim aus der Tragant-Pflanze beigerührt wurden, oder aufwendigere Masken, wie die »silberne«, die Isabella Cortese[2] vorstellte und für die ein bis zwei Dutzend Inhaltsstoffe benötigt wurden. Die noch zahlreicheren Fettmischungen zum Reinigen und Geschmeidigmachen der Haut bestanden mehr aus Öl denn aus Fett, wobei das einfachste zweifelsohne fein geschnittener und nicht weiter behandelter Speck war. Aber all diese Produkte waren nicht so wichtig wie die vielen Arten von Wassern. Die wäßrigen Präparate säuberten – was eine nicht zu vernachlässigende Funktion war – und hatten darüber hinaus noch unterschiedliche positive Auswirkungen, je nachdem, woraus sie bestanden. Es handelte sich um Sud aus Blüten, aus anderen Pflanzenteilen und vor allem aus mineralischen Substanzen (Borax, Alaun, Silber, Bleiglätte u. a.) oder auch um Destillate aus eben diesen Stoffen, denen Teile vom Huhn, von der Taube oder der Schwalbe beigegeben wurden. Viele dieser Präparate hatten keinen anderen Zweck, als die Haut frisch zu halten. Andere machten sie leicht strahlend. Wasser mit Alaun z. B. straffte die Haut und verlieh ihr den ersehnten Glanz, während die mit ungelöstem weißem Puder einen matten Schimmer auf dem Gesicht zurückließen.

Blond, hell und rot

Das gewisse Etwas, das die Wässerchen bewirkten, machte Schminke noch nicht überflüssig. Diese gehörte zum zweiten Register, das für das Werk der Schönheit in Einsatz kam. Raffaella, bekannte Heldin bei Alessandro Piccolomini[3], betonte, Schminke habe körperliche Beschaffenheit: sie ist undurchlässig und dicht. Zusammen mit dem Färben und Enthaaren ergab sie die Bandbreite an Mitteln und Techniken, die erlaubten, dank trügerischen Scheins eine blendende Erscheinung zu erreichen.

So in bezug auf die Haare, die man mit bestimmten Produkten zu kräuseln suchte, aber öfter noch mit der effektiveren Brennschere. Mit ihr kreierten sich die Frauen, je nach Anlaß und regionalem Herkommen, ihre Frisur. Die auffälligste dürfte die gewesen sein, die etliche Venezianerinnen in der zweiten Hälfte des 16. Jahrhunderts trugen und die Villamont, als er 1589 auf Durchreise in Venedig war, wie folgt beschrieb: »Sie haben ihre blonden Haare zumeist hübsch geflochten und wie zwei Hörner von fast einem halben Fuß auf der Stirn aufgesteckt.«[4] Die Mode dieser Zeit tendierte entschieden zu wohldurchdachten Frisur-Kompositionen, in denen Locken und hochgesteckte Zöpfe kombiniert wurden. Vor allem schrieb sie die Farbe blond vor. Um diese zu erreichen, scheuten die Frauen weder Zeit noch Mühe. Über Stunden ließen sie auf ihr Haar Laugen oder Sud aus Rhabarber oder Kornblumen einwirken, wobei sie sich in die Sonne oder vor ein großes Feuer setzten, um den Bleichprozeß zu befördern. Die danach kunstvoll ausgeführten Frisuren hoben die Stirn hervor, der man noch mehr Höhe verlieh, indem man mit Kiefernharz oder einer Mischung aus Auripigment oder in Öl erhitztem Kalk gegen den Haaransatz vorging. Einige Autoren empfahlen, auf die enthaarte Stelle Fledermausblut oder Saft vom Schierling aufzutragen, denen man, wie anderen Stoffen auch, zuschrieb, das Nachwachsen der Haare zu verhindern. Einige Enthaarungsmittel zeitigten Nebenwirkungen, wie Alberti[5] und Marinello[6] betonten, die zu Vorsicht rieten. Im übrigen taten es Pinzetten, diese »treuen Diener«, genausogut und ohne zu schaden.

Außer dem Haupthaar konnten auch die Brauen gefärbt werden – sie mußten braun sein. Des weiteren wurden sie zu schmalen, weit auseinanderliegenden Bögen zurechtgezupft. Sie gehörten zu den Kennzeichen des schönen Gesichts. Den Wimpern dagegen gestand man weder besonderen Reiz noch gar den Wert des Kleinods zu. Im allgemeinen in dem Schönheitskanon übergangen, hatte man ganz offensichtlich auch in der Praxis weder Pflege noch Schminke für sie übrig.

Nachdem Haar und Brauen gefärbt, die Wölbung der Stirn nach oben verlängert, die Bögen der Brauen neu gezogen waren, blieb noch, Haut und Lippen zu schminken. Grundlage der Hautschminke waren damals Bleiweiß (kohlensaures Blei, manchmal vermischt mit Bariumsulfat) und Produkte verschiedener Sublimationen, zu denen immer Silber und Quecksilber (*Argentum vivum* und *Mercurius*) kamen. Diese Schminke, die, geht man von einem Rezept der Raffaella aus, weiß oder sogar silbern war und von zäher Konsistenz, führte nicht immer zum glücklichsten Resultat und ließ eher an eine lächerliche Maske denken. Man mußte einfach ein Gipsgesicht davontragen, gebrauchte man den kompakten Puder, der, mit ein paar Tropfen Rosenwasser angerührt, auf dem Gesicht sogleich zu einer Kruste erstarrte. Es war schwer, etwas herzumachen mit einer Schminke, die abbröckelte, sobald man ihr Tragant beigegeben hatte. Diese Kosmetika, mit denen nicht leicht umzugehen war, die nicht angenehm waren, schlossen die Gesichtshaut völlig ab und lagen schwer auf den Lidern, war es doch nicht Brauch, diesen einen besonderen Farbton zu geben. In einer Abhandlung über das Auge schrieb Firenzuola denn auch: »Diese Höhle darum […] soll keinen anderen Farbton haben als die Wangen.« Und weiter betonte er, die Schminke halte so wenig auf den Lidern, daß man bei Frauen mit dunklerem Teint diesen unvorteilhaft durchschimmern sehe.

Die Sammlungen mit Schönheitsgeheimnissen gaben übrigens keine spezifische Schminke an, und die zahllosen Autoren, die sich mit kosmetischen Gepflogenheiten beschäftigten und diesbezüglich genaue Kenntnisse bewiesen, verrieten darüber auch nichts, mit Ausnahme von Luigini[7]. Um seine Mißbilligung künstlicher Farben zu unterstreichen, zitierte er einen Satz des heiligen Cyprianus, in dem von »schwarzem Puder« die Rede ist. Aber Cyprianus starb im Jahr 258, und an der Schwelle zur Neuzeit scheint Schwarz aus der Schminkpalette der Italienerinnen verschwunden gewesen zu sein.

Rouge auf die Wangen und die Lippen gelegt, vollendete das Schminken, für das man sehr wenig Farbnuancen zur Verfügung hatte, wodurch ein recht stereotypes Aussehen erzielt wurde. Das Rouge, gewonnen aus der Kochenille-Blattlaus, aus Sandel- oder Rotholz oder, seltener, aus Zinnober, war flüssig; wenn ihm Wachs oder fein geschnittener gewöhnlicher Speck beigemengt wurde, ergab es eine Salbe. Man färbte mit diesem Rouge sowohl die Lippen wie die Wangen, auf denen es besser hielt, wenn man es vor dem Auftragen leicht erwärmte. Denn in einer Zeit, da Sauberkeit mehr und mehr im Schwinden war, da man Schminke wohl nicht täglich erneuerte, stellte es ein wichtiges Kriterium dar, wie lange sie auf der Haut haftete. So rühmten Caterina Sforza und Filareto[8] in ihren Sammlungen mit Schönheitsrezepten verschiedene Wangenrots, die acht Tage hielten, »selbst wenn Du Dein Gesicht an einem jeden Tag wäschst, um es zu beseitigen«, wie letzterer präzisierte. Unter dem Gesichtspunkt des Haftenbleibens erwies sich das direkte Auftragen des Rouges als sehr viel vorteilhafter, bemerkte Caterina, als wenn man sich kleiner Fetzen Stoffes bediente, die in die rote Flüssigkeit getaucht und dann getrocknet wurden. Sie hinterließen beim Auftragen nur ein sehr vergängliches Rot. Auch beim

Gesichtsweiß schätzte man, wenn es lange haftenblieb. Isabella Cortese erstellte ein Rezept für »Bleiweiß, das dreißig Tage auf der Haut hält«; so nannte sie es auch, damit der besondere Vorteil dieses Produkts ihren Leserinnen nicht entginge.

Kosmetik und Alchimie

Die Schönheitsmittel, die in Hülle und Fülle in Sammlungen angepriesen wurden – das *ricettario* der Caterina Sforza umfaßte mehr als zweihundert –, reichten von ganz einfachen und unaufwendigen bis hin zu komplizierten und recht kostspieligen. Zahlreich und höchst unterschiedlich waren ihre Bestandteile. Einige blieben über Jahrhunderte in Gebrauch auf Grund ihrer guten Resultate, andere wurden trotz ihres Giftgehaltes geschätzt wegen ihrer unmittelbaren Wirkung – so Bleiweiß, auch Auripigment und die Schwefelverbindungen des Arseniks, die zum Enthaaren verwendet wurden. Manchen Bestandteilen sprach man außergewöhnliche, ja magische Kraft zu, die auf der Affinität einer bestimmten Substanz zu der von ihr erwarteten Wirkung beruhte. So wurden z. B. die Mittel zur Pflege der hochgeschätzten Haarpracht auf der Basis von Ziegenmilch, Pferde- oder Bärenfett hergestellt, also aus Produkten, die von langhaarigen Tieren oder von Tieren mit Schweif und dichtem Fell stammten. Auch war der Bezug offensichtlich zwischen der Tatsache, daß in die Maske, die man sich des Abends auflegte, Fett der Schlange – bekannt für ihre Häutung – einbezogen wurde, und dem ersehnten Resultat, nämlich am anderen Morgen eine neue Haut zu haben.

Schönheit, Auserlesenheit, Vollkommenheit erwartete man sich von den »edlen Steinen«, die man für gewisse Präparate verwendete, oder auch von dem Puder aus zerriebenen Perlen, mit dem man sich die Zähne abrieb, damit sie »wie Perlen« würden, ein Vergleich, dessen man sich noch heute bedient. Die Verwendung von Schönheitswassern und Schminke, die Quecksilber oder Silber enthielten, entsprang demselben Wunsch, etwas von der Qualität dieser Metalle über die Haut aufzunehmen. In dieser Beziehung war die Kosmetik durch die Alchimie beeinflußt, der sie nahestand.

Viele Frauen besaßen offenkundig im Bereich der Kosmetik ein durch Nachahmung erworbenes oder mündlich weitergegebenes Wissen, das ihnen erlaubte, einfache Mittel herzustellen. Doch die hohe Kunst der Kosmetik, wie sie Caterina Sforza und Isabella Cortese ausübten, blieb, wie die Alchimie, einigen Eingeweihten vorbehalten. Beide Frauen waren in der einen wie in der anderen versiert. Ihre Geheimrezepte, wie der bezeichnende Titel des Buches von Isabella Cortese lautet, bezeugen dies zur Genüge.

Nach dem Gold – in der Alchimie das höchste der Metalle – nahmen Quecksilber und Silber die nächste Stufe auf der Rangleiter ein, und sie wurden mit dem Prinzip des Weiblichen in Verbindung gesetzt. Die Autoren der Hermetischen Kunst unterschieden ja, fußend auf dem traditionellen Dualismus der Geschlechter, zwei Grundprinzipien: ein aktives, d.h. männliches, und ein passives, sprich weibliches, das seine besondere Verkörperung im Mond, Symbol des Silbers, fand.

Ersteres Prinzip, als »Schwefel« bezeichnet, repräsentierte auch die Form und das Warme, während das weibliche Prinzip, als »Quecksilber« bezeichnet, für Substanz und das Kalte stand. Selbst wenn die Termini nicht die chemischen Stoffe meinten, sondern deren Eigenschaften, bleibt nichtsdestoweniger die Tatsache, daß Quecksilber das weibliche Prinzip verkörperte.

Man darf also annehmen, daß die Frauen die Produkte mit Silber und Quecksilber vorzugsweise aus diesem Grund benutzten.

Stil und Geschmack

Auch die Farben der äußeren Erscheinung – Ausdruck einer bestimmten Vorstellung von Schönheit – erhalten Symbolcharakter und fungieren somit als Zeichen.

Blondes Haar, geadelt durch die Gunst der Dichter, wurde derart einmütig gepriesen, daß weibliche Schönheit und Blondsein miteinander verschmolzen.

»Die Gewohnheit, die Haare blond zu tragen«, so schreibt z. B. Moderata Fonte, »hat etwas Weibliches und Anmutiges an sich und verleiht dazu noch ein edles Aussehen, und [...] wer ein schönes blondes Haupt hat, weist sich als schöne Frau aus.«[9]

Haare solcher Art haben ob ihrer Strahlkraft immer gefallen, so auch den Italienern der Renaissance. Für Firenzuola etwa war »ohne den Glanz des hellen Lichts von blondem Haar« weder Schönheit noch Anmut, noch Eleganz möglich. Blond wurde immer wieder mit Gold verglichen und auf Grund der so hergestellten Affinität stark aufgewertet; braun dagegen wurde auf ihm nachteilige Weise mit Finsternis in Zusammenhang gebracht.

Ob honigfarben oder golden oder auch hell wie Elfenbein – blond kommt dem hellen Teint am nächsten, den man an der Frau so schätzte, und harmonisiert am besten mit ihm. Eine ästhetische Harmonie wurde angestrebt: die Übereinstimmung zwischen Sein und Erscheinung, zwischen einem besonders fein nuancierten hellen Teint und der essentiellen Sanftheit, die jede Geste, jedes Wort der Frau prägen mußte, wollte sie immer ganz Frau sein, »ohne jede Ähnlichkeit mit dem Manne«[10], wie Castiaglione nachdrücklich forderte.

Noch mehr versinnbildlichte der helle Teint, der metaphorisch durch die Lilie oder den Schnee dargestellt wurde, die *conditio* der Frau, vor allem ihre Jungfräulichkeit oder Keuschheit, die Tugend, die man zuallererst von ihr forderte. G. Passi, der gegen das Sichausstellen und die Mode wetterte und nach dem Vorbild vieler anderer eine Liste mehr angeblich weiblicher Untugenden aufstellte, erinnerte die Frauen an den unabgegoltenen Satz des heiligen Jean Chrystostome: »Sorge tragen, Mesdames, die Sittsamkeit und die Keuschheit zu bewahren, das sind das Bleiweiß und die Sublimate, die euch schön machen.«[11] So oder anders formuliert, floß dieses Gebot immer wieder aus der Feder männlicher Autoren.

Der weiße Teint war natürlich auch die Farbe derer, die ihren Platz im Haus hatten, während der Tätigkeitsbereich des Mannes außerhalb lag. Die rigorose Aufteilung der Lebensräume und Aufgaben duldete keine Ausnahme.

Als Castiglione das Porträt der perfekten Hofdame entwarf, schmückte er sie mit Vorzügen ähnlich denen des Höflings, als da sind Klugheit, Hochherzigkeit, Selbstbeherrschung, weiter mit denen, »die sich für alle Frauen schicken, [...] die Fähigkeit, das Vermögen ihres Mannes und ihr Haus gut zu verwalten sowie die Kinder zu erziehen«[12]. Erst zuletzt definiert Castiglione, was darüber hinaus die Hofdame auszuzeichnen hat, will sie dem Ideal genügen.

Der helle Teint war nicht nur Symbol der Jugendfrische, sondern versinnbildlichte auch einen gewissen Status. Er verwies auf Rang und Vermögen und im Zusammenhang damit auf Müßiggang oder zumindest auf ein angenehmes Leben und hob so von den armen Kreaturen ab, die Dichter und Maler im allgemeinen als unansehnlich darstellten, dunkelhäutig und mit ausgeprägten Zügen, was sie wie Mannweiber aussehen ließ. Seinen hellen Teint auszustellen – ob er nun von Natur gegeben oder mühsam erworben wurde –, bedeutete also, seine Natur als Frau zum Ausdruck zu bringen. Und als eindeutig schön konnte die Frau nur gelten, wenn sie ihrer passiven und kalten Wesenheit treu blieb.

Doch die symbolträchtige Helle des Gesichts sollte die Züge nicht im Eintönigen verschwimmen lassen, daher die Bedeutung der Brauen. Mit ihrem Braun betonten sie die knochige Wölbung über der Augenhöhle und verliehen dem Gesicht Reiz, ja sogar etwas Scharfes, das aber verhalten blieb, weil es sich auf diese beiden feinen, von der Pinzette geformten und gebändigten Bögen beschränkte.

Im Gegensatz zur dichten und düsteren Naturbraue, die entweder, weil in ihrem Zustand belassen, einer schlichten Seele zu Ausdruck verhalf oder aber in ihrer Schwärze den Reiz eines abgründigen Wesens ausmachte, vervielfachten diese beiden kleinen Himmelsbögen durch das Spiel der Harmonie das Feuer »brennend schöner Augen«, begeisterte man sich doch vor allem für die braune Pupille.

Wie das Schwarz hatte auch das Rot die ästhetische Bestimmung, die Eintönigkeit des Weiß zu unterbrechen, das Gesicht zu beleben, aber es übermittelte auch eine Botschaft.

Es verhalf dazu, schön auszusehen und vor allem gut, was auf eine gesunde Frau schließen ließ. Hellhäutig zu sein bedeutete nicht, blaß zu sein – zu dieser Zeit hatte man einen Greuel vor durchscheinender, schmachtender Schönheit. Es wurde nicht davon abgelassen, diese in Liedern grausam zu verspotten. Das Rot, die Farbe des Blutes, zeigte Gesundheit an und ebenso Sittlichkeit. Man betrachtete es als die »Farbe der Tugend«, vor allem bei jungen Mädchen, die leicht erröteten. Dieses geschätzte Feuer, das Verletzungen des Schamgefühls und Herzklopfen hervorrufen, wurde dann im 16. Jahrhundert noch mehr aufgewertet, als die Liebe die Vorherrschaft zugesprochen bekam.

Zusammenfassend sei gesagt, daß die weiße und rote Schminke, die im wesentlichen das kosmetische Arsenal ausmachten, die natürlichen weiblichen Farbtöne betonten, ja überbetonten und sich wie eine zweite Haut über diese legten. Sie waren mit ersteren identisch, aber noch vollkommener. Sie bedeuteten Frische, und sie verwiesen auf den Rang, noch mehr auf die Tätigkeit, die Physiologie, die besondere Sensibilität der Frau, d. h. auf all diese Differenzen, die ihre Schönheit ausmachen.

Die Gesittung der Frauen*

Das ästhetische Bemühen, die natürlichen Reize zur Geltung zu bringen oder einen Kopf hervorzuzaubern, der alles dem Eisen, der Pinzette, Färbeprozeduren und Schminke verdankte, setzte sich in unterschiedlicher Weise um. Aber wie auch immer, es scheint sehr verbreitet gewesen zu sein, und das, zumindest in der Stadt, in allen Schichten der Gesellschaft. Doch dieses permanente Sich-in-Szene-Setzen nahm zweifelsohne am Hofe die größten Ausmaße an und darüber hinaus noch bei einer weniger kleinen Elite, die jedoch ebenfalls über Zeit, Geld und Kultur verfügte und eine gewisse Lebensart hatte. Galt doch die Pflege der eigenen Person und ihre Verschönerung als ein Zeichen von »Zivilisation«. Lucrezia Marinella sprach von der *donna civile*. In »Il merito delle donne« rechtfertigte Corinna,

* Im Original *civilité*. Zu diesem Terminus s. Norbert Elias, *Über den Prozeß der Zivilisation*, Suhrkamp Taschenbuch Verlag, Frankfurt a. M. 1992, Bd. I, 2. Kap. (d. Ü.)

eine der Heldinnen, für ihre Gefährtinnen die edle, gepflegte Erscheinung, die sie auszeichnete, mit folgenden Worten: »[...] sie rührt von unserem Seelenadel her, der uns von bäuerlichen und häßlichen Personen unterscheidet [...] nicht so sehr von ihrem Blut als von der Seele und den Sitten, welche zum Groben hingehen, und wer weiß, was für Gedanken eine solche Verwahrlosung von Gewand und Körper nährt?«[13] Mario Equicola verwies vom gleichen Standpunkt auf diesen Zusammenhang – für alle, die ihn nicht kannten bzw. noch immer Natur und das Gute, Künstlichkeit und das Böse gleichsetzten und von daher den Frauen vorwarfen, sie »fälschten« ihr Gesicht: »Wenn das Natürliche uns ohne Künstlichkeit mehr gefiele«, so schrieb er, »[...] müßten wir wohl noch in Wäldern hausen.«[14]

In der langen Satire »Frauen vom Gebirge« lieferte Mauro ein interessantes Bild von dieser Welt ohne alle Künstlichkeit. Sie geriet ihm ohne Falschheit, Liebesqualen, Ehrenhändel und Besitzprobleme, es reichte, den »Bauch voll harten Brots zu haben«, um glücklich zu sein. Die Schäferinnen der ausgewählten Gegend kannten natürlich weder destilliertes Wasser noch Pinzette. Doch deswegen waren sie noch lange nicht schön, im Gegenteil. Dunkelhäutig, unsauber, stinkend, mehr Tieren als Menschen ähnelnd, waren sie so häßlich, daß sie »Eremiten entmannen« konnten. Auf jeden Fall bewahrten »die Schwärze ihrer Augen / und der hohe Wald der dunklen Brauen / das dichte Haar, ein Gestrüpp voll Läuse«[15] den Autor vor Liebesfallen.

Pflege und Zurichtung des Kopfes zählten als Zeichen von Gesittung nur für die Weiblichkeit. Obwohl diese Praktiken traditionell getadelt wurden, galten sie doch als nicht schockierend bei diesen frivolen und dümmlichen Wesen, denen man keine eigentliche Bestimmung zugestand. Ganz im Gegensatz dazu wurden Praktiken dieser Art bei Männern nicht geduldet. Castiglione, der doch Anmut zur Kardinalstugend erhob und dem Höfling empfahl, seine Erscheinung zu pflegen, erachtete jene als der »Gesellschaft nobler Männer« für unwürdig, die sich Locken drehten, sich die Brauen zupften und Schönheitsmittel anwendeten. Der Höfling habe sich in der rechten Mitte zu halten, in gleicher Distanz zum Bauern wie zu der Frau.

Aus Vergnügen wird Zwang

Sich nach den Vorstellungen der Zeit ein schönes Gesicht zu schaffen, war für die Frauen nicht nur eine Gelegenheit, ihre verfeinerten Sitten und ihren Sinn fürs Schöne auszudrücken. Es stellte auch, um einen Ausdruck von Moderata Fonte zu gebrauchen, einen Zeitvertreib dar, und zweifelsohne einen angenehmen. Von einer Handvoll Ausnahmen abgesehen, hatten die Frauen keinen anderen Horizont als ihren häuslichen Rahmen. Doch auch wenn das Haus in Ordnung zu halten und sich um die Familie zu kümmern eine echte Machtbefugnis bedeutete, so blieb es doch eine als minder und mit Verachtung angesehene Funktion. Firenzuola stellt die Trennung der Geschlechterrollen als von den Frauen frei gewählt hin – »aus Bescheidenheit« sollen sie sich dem Dienst im Haus verschrieben haben. Eine Auslegung, die nicht viel fortschrittlicher ist, als es die Worte von Pandolfini sind, der ohne Umschweife die nicht anfechtbare Überlegenheit der Männer hervorhob, die es gar nicht fertigbrächten, sich zu den »armseligen kleinen und weiblichen Aufgaben«[16] herabzulassen.

Die Frauen übten keinerlei Funktion aus, die sie anders als in bezug auf ihre Nächsten definierte: Sie waren Mütter, Gattinnen, Verwalterinnen. Deshalb wurden sie im allgemeinen als niedere Wesen angesehen – die Rechtsprechung lieferte dafür reichlich Beweise –

und gnadenlos unterworfen, was oft genug zur Sprache kam, auch durch männliche Autoren. Zeit und Aufmerksamkeit auf ihre eigene Person zu verwenden, bedeutete so für die Frauen, eine Würde zu betonen, die man ihnen von außen nicht zuerkannte, es bedeutete zu existieren. *Chi imbianca la casa la vuol appigionare* – wer das Haus weißt, will es vermieten –, besagt eine Redewendung in Florenz.

Dementsprechend entsprang das Gestalten der eigenen Erscheinung zwar zum einen dem Wunsch, sich selbst zu gefallen, aber darüber hinaus auch dem Verlangen, den anderen zu gefallen, bewundert und geliebt zu werden. Dies um so mehr, als zu jener Epoche Schönheit allein die Motivation für Liebe abgab und sich einer außergewöhnlichen Wertschätzung erfreute, was im wesentlichen den Ideen von Ficino zuzuschreiben ist. Sie hatten besonders für die Frauen etwas Verführerisches, doch gleichzeitig waren sie verhängnisvoll für sie. Das Werk von Lucrezia Marinella[17] belegt das klar. Als Widerschein der Seele komme körperliche Schönheit eigentlich von Gott. Da die Frauen schöner als die – zumeist »groben und schlecht aussehenden« – Männer seien, erlaube diesen der Anblick weiblicher Schönheit, dieses »echten Wunders«, sich zur »Erkenntnis und Betrachtung göttlicher Wesenheit« zu erheben. Wie andere auch nutzte Lucrezia diese Vorstellungen, die der Frau eine ganz neue Hervorhebung zugestanden und sie befugten, die Anerkennung ihrer Würde einzufordern. Doch gleichzeitig verfing sie sich ganz ersichtlich in der Falle, die die Frau im Kerker ihrer äußeren Erscheinung gefangenhielt. Die Autorin bemühte sich aufzuzeigen, daß sich Frauen die Jahrhunderte hindurch in allen Bereichen auszeichneten – verfiel dann doch wieder dem üblichen Rollenklischee und billigte dieses. Die Frau, von Gott auserwählte Verwahrerin der Schönheit – »eines

Geschenks aus höchster Hand eigens für sie«: schon ist sie von neuem auf ihre vergängliche fleischliche Hülle reduziert, der sie mit »aller Dringlichkeit schuldet«, sie schön zu erhalten oder, wenn nötig, zu verschönern.

So ist die Gleichsetzung zwischen Frausein und Schönsein vielleicht niemals zuvor derart fordernd zum Ausdruck gekommen und Häßlichkeit gleichzeitig so kategorisch als unerträglich hingestellt worden. Nach Firenzuola müßten häßliche Frauen alle maskiert herumlaufen, und er ist ganz der Meinung von Alberto Bardi, den er zitiert. Das Vergnügen, das sich bei der Betrachtung schöner Frauen einstellt, hebe nicht das Mißvergnügen auf, eine einzige häßliche sehen zu müssen.

In diesem Kontext ist es nicht verwunderlich, daß viele Frauen Stunden vor dem Spiegel zubrachten. Und dort unterzogen sie sich alle den gleichen Prozeduren: sie blondierten sich, zupften sich die Brauen, ätzten mit starken Lösungen die Haut weg, legten Weiß auf und akzentuierten mit Rot. Vielleicht schätzte man im Alltag jene Frauen mehr, die nicht peinlich genau allen gesetzten Kriterien nachkamen. Es ist selbst möglich, daß das Sprichwort nicht an Geltung verlor, an das Domenichi erinnerte: *Non è belo il bello ma quel che piace* (Schön ist nicht, was schön ist, sondern was gefällt). In der Literatur jedoch gab es nur Platz für eine Schönheit – und die war Ergebnis aus Formen, Proportionen und vorgeschriebenen Farben. Die Konzeption dieses klassischen Ideals schloß radikal den Makel und noch mehr seine Akzeptanz als verführerisches Element aus und genauso die Existenz mehrerer Arten von Schönheit.

So lenkten die sehr restriktive Auffassung vom ästhetischen Wert des Körpers und die damalige Mode in der Konsequenz das wesentliche Augenmerk auf die Pflege des Gesichts. Dieses gewann in seiner Idealform an Rundung – eine Auswirkung des umfassenden Geschmackswandels im 16. Jahrhundert in bezug auf die Silhouette, der eine Aufwertung der Fülle gegenüber dem Subtilen mit sich brachte.

Der durch das Rot belebte weiße Teint unter der blonden Aureole allerdings war kein neues Ideal, auch sein Symbolgehalt war nicht neu. Man legte einfach in diesem Jahrhundert, da die Zweigeschlechtigkeit mehr zur Beachtung kam, den Akzent auf die Differenzen. Zum Bildnis stilisiert, angehalten, keinerlei Ähnlichkeit mit dem Mann aufzuweisen, mußten die Frauen mehr noch als in der Vergangenheit ihr natürliches Äußeres überbieten und die Spezifik ihrer Feminität überbetonen. Zweifelsohne nahmen sie noch mehr aus den Schminktöpfen und Fläschchen, um dieses standardisierte Äußere ohne jede persönliche Note zu erzielen, um nicht zu den Häßlichen und Alten zu gehören, diesen unbestimmten Kreaturen, die nicht oder nicht mehr ganz als Frauen zählten und zum Gegenstand von Spott und Verachtung wurden. War es auch Mode, das Loblied der Frauen anzustimmen, die Anerkennung ihrer möglichen Verdienste, ihrer Befähigung zu noch anderem, als was ihnen traditionell zufiel, schien wohl auf den literarischen Bereich beschränkt geblieben zu sein. Dies lassen die Klagen und Forderungen schreibender Frauen vermuten, denen man allerdings ein gewisses Ansehen entgegenbrachte. Was ansonsten die Frauen der Zeit erwarten durften, war die Beachtung ihrer gefährdeten Schönheit, was nicht wenig bedeutete, ja vielleicht schon befriedigte.

Deutsch von Helgard Rost

1 Agnolo Firenzuola, *Gespräche über die Schönheit der Frauen*, Leipzig 1913.
2 Isabella Cortese, *I secreti della Signora Isabella Cortese*, Venezia 1561.
3 Alessandro Piccolomini, *Gespräche über die feine Erziehung der Frauen*, Wien und Leipzig 1924.
4 E. Rodocanachi, *La Femme italienne à l'époque de la Renaissance*, Paris 1907.
5 L. B. Alberti, »L'Amiria« in: *Opere volgari*, Firenze 1850.
6 G. Marinello, *Gli Ornamenti delle donne*, Venezia 1574.
7 F. Luigini, *Il libro della bella donna*, Venezia 1554.
8 Filareto, *Breve raccolto di bellissimi secreti*, Firenze 1573.
9 Moderata Fonte, *Il merito delle donne*, Venezia 1550.
10 Baldassare Castiglione, *Il libro del Cortegiano*, 1528. Teil III über die Hofdame erschien auf deutsch auch gesondert: Graf Baldassare Castiglione, *Frauenspiegel der Renaissance*, Leipzig 1903.
11 G. Passi, *I donneschi diffetti*, Venezia 1601.
12 Siehe Anm. 10.
13 Moderata Fonte, *Il merito delle donne*, a. a. O.
14 Mario Equicola, *Nel primo libro di natura d'amore*, Venezia 1536.
15 Mauro, *Il terzo libro delle opere burlesche di F. Berni ed altri*, Leida 1824.
16 A. Pandolfini, *Trattato del governo della famiglia*, Milano 1811.
17 Lucrezia Marinella, *La nobiltà et l'eccellenza delle donne, co' diffetti e mancamenti degli huomini*, Venezia 1621.

JEAN-JACQUES COURTINE/
GEORGES VIGARELLO

Scham und Schamlosigkeit

Ihre Physiognomie im 15. und 16. Jahrhundert

Die etymologischen Wörterbücher geben das Auftauchen des Begriffs *pudeur* (Scham/Sittsamkeit/Feingefühl) in der französischen Sprache gewöhnlich für das Ende des 15. Jahrhunderts (Bloch und Warburg) oder auch für das 16. Jahrhundert (Littré) an. Vaugelas sprach die Urheberschaft Philippe Desportes (1546 bis 1606) zu, einem Hofdichter und Verfasser galanter Werke im aufkommenden klassischen Stil, der jedoch als sehr nachlässig in seinem Äußeren galt.

Mit dem Auftauchen des Begriffs ging die weitere Ausprägung des entsprechenden Gefühls einher. Allmählich verlagerte sich die Wahrnehmung von Schicklichkeit und Scham: Das individuelle Gefühl der Scham als gelebte und erfaßte psychologische Realität prägte mit anderem die subjektive Sphäre, als im Verlauf des 16. und 17. Jahrhunderts im Rahmen der Herausbildung einer verfeinerten* Gesellschaft nach Muster des Hofes immer mehr soziale Schranken entstanden. Das Schamgefühl bedeutete die Verinnerlichung dieser Schranken. Es war Rückwirkung auf diese, aber auch – in Form eines inneren, vom Subjekt empfundenen Anspruchs – die psychologische Voraussetzung dafür, daß sie errichtet und aufrechterhalten werden konnten. So gehörte die Scham mit zu dem Gefüge von Gefühlen und subjektiven Zwängen, innerhalb dessen

* Im Original *civile/civilité*. Siehe dazu Norbert Elias, *Über den Prozeß der Zivilisation*, a. a. O.

sich die psychologische und moralische Sphäre des Menschen der Klassik konstituierte und das ihm die Herausbildung ganz bestimmter sittlicher Verhaltensweisen abverlangte, als da sind: Sittsamkeit, Bescheidenheit, Zurückhaltung, Umsicht, Anständigkeit, Liebenswürdigkeit oder Seelenadel.

Das ging im sozialen und persönlichen Leben mit einer heftig einsetzenden Observation des Körperlichen einher. Die im Bereich der sittlichen* Verhaltensweisen des 16. und 17. Jahrhunderts aufkommende Scham hatte teil an der Ausrichtung des Blicks auf den Körper. Dies bedeutete in erster Linie »negative« Arbeit, galt es doch zu verhindern, daß gewisse Partien und Äußerungen wahrgenommen wurden, oder mehr noch, ja nicht aufzublicken, die Augen gesenkt zu halten. Doch diese Arbeit mit ihren Zeichen, ihrem Kode und ihren Effekten an der Oberfläche hatte auch ihre »positive« Seite. Sie mußte sichtbar sein. »Welch liebliche Scham ist auf ihrem Gesicht gemalt!«, heißt es in der Tragödie »Esther« von Racine. Und Erasmus von Rotterdam fordert in seinem Werk »De civilitate morum puerilium«[1] von 1530, eine natürliche und unverbildete Scham möge die Wangen färben. Paradox ist diese Kunst, die forderte, Körper und Blicke zum Schweigen zu bringen – aber dies durch Zeichen zu verstehen zu geben. Der Akt des Verbergens mußte ersichtlich sein. Das Schamgefühl war eine Sprache des Körpers und gleichzeitig Arbeit an ihm.

Dies bezeugen die Menge der literarischen und bildlichen Dokumente, aber auch Werke der Rhetorik und ästhetische Abhandlungen, Moralvorschriften, Handbücher für den Beichtvater oder auch praxisbezogene Werke, in denen die Regeln des schicklichen* Verhaltens kanonisiert wurden: Traktate über höfliches Betragen, Anleitungen in der Kunst zu leben, Bücher für den Hofmann, auch – was überraschen mag – anatomische Darstellungen. Die manieristischen Skelette des Domenico del Barbiere aus der Mitte des 16. Jahrhunderts oder die mehr klassischen von Bernardino Genga und Charles Evrard zu Ende des 17. Jahrhunderts finden sich in Schleier gehüllt, obwohl sie doch nun wahrhaftig nichts mehr zu verbergen haben.

Am deutlichsten lassen die Anleitungen zum rechten Verhalten das Orientieren auf Zurückhaltung und Verhüllung erkennen.

Gesicht und Körper gezähmt durch Artigkeit

Die Gebote der Höflichkeit verweisen eindeutig darauf, was Funktion und auch Sinn der Scham war. Sie enthüllen um so mehr, als sie sich zumeist diesseits der Sünde bewegten und Nuancen aufzeigten, die die Kirche einfach übergehen konnte, oder weil sie auf Details Wert legten, die das moralische Urteil auslassen durfte. Die Höflichkeit war die Kunst der Inszenierung und des Zum-Ausdruck-Bringens. Sie war eine ausgeklügelte Definition von Repräsentation. Ein Rahmen, innerhalb dessen die Scham die Hauptrolle spielte, denn »verbergen« war ihr das Wichtigste. Schamvoll zu sein bedeutete, Barrieren zu verstärken, das, was unter der Oberfläche liegt, versteckt zu halten und der Erscheinung den Vorrang vor jedem inneren Bezug zu geben. Erasmus sagt in seinem Werk, es sei eines wohlerzogenen Mannes unwürdig, ohne Notwendigkeit die Partien des Körpers zu enthüllen, die die natürliche Scham verborgen sehen möchte. Durch Zurückhaltung, Reserviertheit, gestische Distanzierung werden Grenzlinien gezogen und rücken die Körper voneinander ab. Erasmus führt weiter aus, daß, wenn die Sittlichkeit gebiete, diese Körperstellen dem Blick des anderen zu entziehen, es noch weniger erlaubt sei, die Hand dorthin zu führen. Das sagt aus, was Scham bewirken sollte: Das

Unverfängliche herauszustellen und zu veredeln, was vom Körper in Erscheinung tritt, und dabei jeder Vermengung und Vermischung der Lebewesen entgegenzusteuern. Scham bedeutete ein »Befehl«.

Sie bedeutete unaufhörliche penible Beachtung kleinster Festlegungen und scheinbarer Nebensächlichkeiten. Selbstüberwachung war ein Geisteszustand, eine Art, den Körper zu empfinden, ihn vorzuzeigen und dem Urteil der Umwelt zu begegnen. Sie erforderte Gespür für das Detail und das Harmlose, Kontrolle jeder Geste, die Ausfüllung jeden Moments. Da hatte zum Beispiel der Hut einen ganz bestimmten Teil des Körpers zu verdecken, wenn er in der Hand gehalten wurde, und zwar die Leistengegend, damit diese verfängliche Zone in den Hintergrund geriet. Die Körperpositionen vor allem wurden genau berechnet, um besser zu verbergen, um »Verschließungen« und die Zeichen der Zurückhaltung zu betonen. Man möge sich mit zusammengepreßten Knien setzen und beim Stehen das eine Bein dicht neben das andere plazieren oder zumindest nur wenig Zwischenraum belassen, rät Erasmus. Dazu kam die Rückversicherung auf den Blick des anderen, vor allem auf den des persönlichen Schutzengels. Dies verstärkte noch die Selbstüberwachung und die Verängstigung des eigenen Ich; das ging bis zur Annahme eines möglichen Beistandes oder zumindest der beständigen Präsenz einer urteilenden Instanz. So verinnerlichte sich die Kontrolle und wurde immer zwingender.

Texte wie der des Erasmus vermitteln auf ihre Weise deutlich eine Geschichte. Sie bilden nur einen Ausschnitt aus der langen Evolution der immer stärkeren Ausfeilung der Sitten, die stets Ausdruck ihrer Zeit sind. Daher das Erstaunen oder sogar manchmal Unbehagen des Lesers von heute. Die Scham, nach der die Texte verlangen, ist nicht die unsere. Scheinbar seltsame Toleranzen scheinen aber möglich gewesen zu sein, so in bezug auf natürliche Vorgänge. Dem jungen Menschen wird empfohlen, die Hinterbacken zusammenzupressen, um Winde zurückzuhalten. Aber, so Erasmus, es sei doch wohl von Übel, eine Krankheit hinwegzutragen bei dem Bemühen, höflich zu sein. Es hielt sich also ein ganzer Komplex noch unmittelbarer, freier Verhaltensweisen, wie der Rat belegt, es sei nützlich, von Schamgefühl abzusehen, um den Körper freizusetzen. Die Höflichkeitskanons des 16. Jahrhunderts bildeten nur eine Etappe in dem Gestaltungsprozeß der Sitten. Dies beweisen Beispiele, die sich aus der sozialen Ungleichheit zwischen Niedergestellten und Höheren ergaben. Sich vor einem Niedergestellten nackt zu zeigen oder sogar vor ihm seinen natürlichen Bedürfnissen nachzukommen, blieb im 16. und 17. Jahrhundert ein Zeichen für Vertrauen, ein Beweis für Zuneigung, Nähe, manchmal sogar für Achtung. Doch gleiches Verhalten auf der anderen Seite war eine Sache der Unmöglichkeit. Im Gegenteil, gerade im Hinblick auf einen Höheren verstärkte sich die Selbstüberwachung. In diesem Falle hatte die Scham noch eine soziale Funktion. Sie hatte vor allem Distanz zu schaffen. Erst später wird sie eine rein moralische Angelegenheit werden. Auch hierin erweist sich ihre Zeitgebundenheit.

Die Texte über gutes Benehmen geben einen tiefen Einblick, von welcher Art die Arbeit an der eigenen Person war, die durch die Scham bedingt wurde. Dies ist sogar einer ihrer erhellendsten Aspekte. Sie zeigen klar, trotz ihres Abstands zu unseren Festlegungen, daß es sich zuallererst um eine Überwachung der körperlichen Grenzen handelte, um ein Verschieben der Markierungen zwischen Äußerem und Innerem. Um Unterbindungen in bezug auf die Grenzlinie, das Ausmerzen unmittelbarer Äußerungen und um ein

Verhüllen. Schließlich auch um besondere Arbeit am Gesichtsausdruck. Das Gesicht war Gegenstand immerwährender Überwachung, weil es das Innerste kundtut. Es galt, zu bewegtes oder unerwartetes Mienenspiel zu unterdrücken, da es möglicherweise Zugang zum Innersten gestattete, und das Lachen um jeden Preis zu beherrschen. Erasmus empfiehlt, das Gesicht solle Heiterkeit ausdrücken, ohne entstellt zu werden oder ein verderbtes Naturell anzuzeigen. Es galt, die Augen unter Kontrolle zu halten, da sie Aufschluß auf das Innere geben. Sie waren die ersten Zeichenträger ersichtlicher Scham: »Damit sich das Kind allerorten aufführe, wie es zu sein hat, müssen seine Augen sanft, friedlich, schamhaft und voller Zurückhaltung sein.«[2] Scham war, was der Blick übermittelte, wobei er sich möglichst nicht als Blick kundtat. War Herrschaft über die »Öffnung« auf die Außenwelt zu. In aktiver Hinsicht hieß dies: das Gesicht quasi verschleiern, abschotten, befrieden, um nichts sehen zu lassen als das Bemühen um Verdrängung.

An diese Texte, die die Gesten des Verhüllens beschreiben, schlossen sich andere an, die noch mehr Aufschluß geben, weil sie betonen, was es zu verbergen gelte. Sie sind noch beredter, weil sie nach den Figuren der Scham und der Schamlosigkeit forschen und die Kehrseite des Verbergenwollens betonen. Es sind dies all die Texte über Physiognomie, die sich seit dem 16. Jahrhundert vermehrten, daß es »ans Wunderbare grenzte«[3].

Die Abhandlungen über Physiognomie und was auf dem Spiel stand

Die Lehre von der Physiognomie, die Physiognomik, die sich nach ihrer Herausbildung anhaltend und intensiv verbreitete, ist symptomatisch für die zunehmende Körperbeobachtung und die Kodifizierung der Verhaltensweisen. Die Abhandlungen erschienen bis zum Ende des 17. Jahrhunderts ununterbrochen in Neuauflagen und Übersetzungen. So wurde die Physiognomie des Barthélemy Cocles (1504) und die von Jean d'Indagine (1522) bis 1698 bzw. 1688 immer wieder aufgelegt und durchweg mit beträchtlichem Erfolg. Noch erfolgreicher war das Werk »De humana physiognomia« (1586) von G. B. Della Porta, das das ganze 17. Jahrhundert hindurch Übersetzungen und zahlreiche Neuauflagen erlebte und durch seine umfassende und überhöhte Darstellung wie durch seinen großen Einflußbereich über beide Jahrhunderte richtungweisend in der Produktion von Texten zu dem Thema war. Nach dem Vorbild der italienischen Humanisten nahm Della Porta darin das gesamte Erbe der antiken Physiognomik – über das Werk des pseudo-aristotelischen Polemon von Adamantios – wieder auf und stellte es systematisch zur Debatte. Della Porta seinerseits wurde von der Masse der Autoren, die im 17. Jahrhundert Physiognomien verfaßten, nachgeahmt und kommentiert. Er inspirierte Ärzte wie Cureau de la Chambre zu seinem Werk »Die Kunst, die Menschen zu erkennen« (1659) und beeinflußte den Moralisten La Rochefoucauld. Sein Erfolg wurde bis 1680 nicht in Frage gestellt, selbst im Kernland des Katholizismus nicht, trotz der Verbote durch Sixtus V. (1586) und Urban VIII. (1631), die die Werke über Physiognomie wegen des Verdachts astrologischer Wahrsagerei auf den Index expurgatorius setzten.

Wie stellt sich nun das Problem der Scham innerhalb dieser Traditionslinie auf die Begründung einer Lehre hin, die die Geheimnisse des inneren Menschen von seiner äußeren Erscheinung ausgehend lüftet, einer Lehre, die das unendliche Feld der morphologischen Zeichen und der des Ausdrucks beherrscht und interpretiert. Die Scham – dieser gedachte Punkt, an dem in einem Subjekt die intime und persönliche Sphäre des Gefühls mit der des öffentlichen Auftretens und der zwischenmenschlichen Beziehungen aufeinandertreffen und ineinander übergehen – ist in ihrer ganzen Reichweite in der Physiognomik betont präsent. Diese zielte in der Tat, selbst wenn sie sich einer intensiven Zeichendeutung verschrieb, nicht auf eine reine Naturgeschichte des Körpers ab. Sie hatte praxisbezogenen Wert, indem sie immer wieder ins Bewußtsein rief, man müsse den anderen beobachten, um Distanz halten zu können, und man müsse sich selbst observieren, um zu Selbsterkenntnis zu gelangen:

Die Lehre von der Physiognomie (...) scheint in die dunkelsten Verstecke der Seele vorzudringen und sozusagen in die intimsten Winkel des Herzens: mithin hat es der göttlichen Gnade und Güte gefallen zu bewirken, daß die dunklen Gewohnheiten und geheimen Vorlieben der Menschen durch Zeichen ausgedrückt werden, damit ein jeder, der an sein Heil denkt, treue und ergebene Menschen an sich binde und die Gesellschaft der bösen und verdorbenen meide (...). Diese Art Wissenschaft wird uns auch, nicht nur durch die Überwachung des anderen, sondern auch durch die unserer selbst, viel Wissen vermitteln, derart, daß wir die Physiognomen unseres eigenen Ich werden können.[4]

Sich selbst zu erkennen bildete den Gipfelpunkt der Weisheit; die anderen zu durchschauen, war das erste Unterfangen der Vorsicht. Daraus resultierten noch für Cureau de la Chambre, der auf Della Porta folgte, die Geheimnisse der Kunst, die Menschen über die Physiognomie zu erkunden. Die physiognomische Beobachtung war eine der Möglichkeiten, über sich und die anderen zu verfügen.

Die Abhandlungen zogen folglich in schöner Logik Schlußfolgerungen aus der Galerie von Porträts, wobei jedem Charakter ein Ensemble physischer Züge entsprach. Züge, die erlaubten auszumachen, wessen Gesellschaft empfehlenswert war und wen man wie die Pest meiden sollte. Der »schamhafte Mensch« als solcher kommt nicht vor, die Scham aber auf zweierlei Weise. Sie erscheint – nicht näher bestimmt, aber durchgängig – in der Gruppe von Porträts, die die verschiedenen Typen des Rechtschaffenen darstellen: den Gerechten, den gescholtenen Ehrenmann, den Treuen, den Bedachten. Aber auch in ihrer entgegengesetzten Ausprägung ist sie vorhanden: in der Gestalt des Schamlosen. Sie tritt damit nicht als Gefühl oder Charaktermoment in Erscheinung, sondern in Form eines Gefüges aus rein morphologischen Besonderheiten und Zeichen, von ausschließlich körperlichen Zügen. Was die Abhandlungen über Physiognomie des 16. und 17. Jahrhunderts in bezug auf die Scham ersichtlich machen, ist ein Bild vom Körper und dessen Wandlung: die fortschreitende Herausbildung einer Idee vom klassischen Körper.

Der schamlose Körper

Der schamlose Mensch – das war eigentlich der schamlose Körper. Dieser war über und über mit morphologischen Zeichen versehen, die auf entsprechende innere Anlagen hinwiesen. Die Indizien und Symptome, die von den verschiedenen Abhandlungen aufgeführt wurden, konnten sich widersprechen oder gegenseitig aufheben, manchmal selbst in ein und demselben Text. Mitunter wagte sich die Beschreibung kühn auf das riskante Terrain der Ähnlichkeiten und Übereinstimmungen zwischen menschlicher und tierischer Morphologie. Die doktrinäre Deutung von Namenszügen, die Medizin und Naturwissenschaften mehr und mehr ablehnten, fand ihren Einzug in die Lehre von der Physiognomie ziemlich spät noch im 17. Jahrhundert. Die wesentlichen morphologischen Züge des schamlosen Menschen kamen jedoch im Porträt zum Vorschein.

Der schamlose Mensch ist ein exzessiver Körper aus Vorsprüngen, Überdimensionalem und Auswüchsen. Für Della Porta ist sein Kinn spitz, und die Lippen sind aufgeworfen, bei Gratarolo und Sanuders ist der Schädel übermäßig lang. Della Porta spricht ihm ungewöhnlich große Augen zu, deren Farbe, deren Gleißen dem entgegenschlägt, der ihn beobachtet. Sie strahlen oder funkeln feuerrot, was auf Unzucht und Wollust hinweist; Della Porta meint, sie glitzern während der fleischlichen Vereinigung. Das Exzessive, das den schamlosen Körper bestimmt, ist ihm allgemein und chronisch eigen. Es erstreckt sich sogar auf seine lautlichen Äußerungen. Der Schamlose läuft nicht lautlos, seine Knie schlagen gegeneinander. Er hat eine schrille Stimme, die dem Schrei des Schwans oder einem Trompetenstoß gleichkommt, und er atmet laut und schwer.

Doch das bedeutungsschwerste Organ, das, dessen Ausmaße am offensichtlichsten sind, ist zweifelsohne die Nase. Alle Abhandlungen bestehen darauf: Es sei extrem, wie die des schamlosen Typs aus dem Gesicht herausrage, sie bilde eine Ausstülpung, gekrümmt und hervorspringend wie beim Hahn – für Della Porta ein Indiz für Lasterhaftigkeit und Homosexualität. Es gebe auch noch die Nase, die höchst plump, kurz und breitgedrückt wie die des Affen oder Hirsches sei, was, so Della Porta, Belot, Laigneau und Sanuders auf Durchtriebenheit, Laszivität und bei Weibern auf Geilheit hindeute. Diese hochtönenden Urteile in bezug auf die Nase haben ihre Logik. Das Gesicht gilt im analogen Denken als Mikrokosmos des Körpers, mit dem es über ein vielfältiges Zusammenspiel der Organe in Verbindung steht. Und die Physiognomik greift für sich den alten Volksglauben auf, wonach man nach Form und Größe der Nase beurteilen könne, wie das männliche

Glied sei. Von daher ist die strategische Bedeutung der Nase für die Morphologie des schamlosen Menschen zu verstehen. Schamlos ist der Körper, der sein Geschlechtsorgan mitten im Gesicht vorzeigt. Der schamlose Körper wird folglich mit den Ausbuchtungen seiner fleischlichen Hülle gleichgesetzt. Aber auch mit seinen Öffnungen weicht er vom Normalen ab: Die Grenzen des Körpers klaffen weit auf. Schlünde tun sich in den Leib hinein auf, die widerstandslos aufnehmen oder haltlos ausscheiden. Hier ist der Mund das bedeutsamere Zeichen – weit aufgerissen bezeichnet er für Jean d'Idagine und Della Porta den schamlosen Menschen, eng geschlossen den züchtigen. Die rot durchblutete, schlaffe Unterlippe bei der Frau verweist auf Hemmungslosigkeit und große Fleischeslust. So scheint es Gratarolo und Wulson de La Colombière, die beide der antiken Physiognomik und dem gleichen Typ von Analogiebildung anhängen, wie er für die männliche Nase galt: Der Mund ist das Geschlecht der Frau. Man wird selbst in der kuriosen Abhandlung »Gelotoscopia« (1611) von Prospero Aldorisio, in der das Verhalten des Menschen nach seinem Lachen gedeutet wird, eine »Theorie« über den Zusammenhang zwischen den Gegensätzen schamlos – züchtig und offen – geschlossen finden. Das Lachen wird hier als Ausdruckstyp bestimmt, der quantitativ mit der Menge an Luft, die aus den Lungen ausgestoßen wird, variiert und qualitativ mit dem Vorherrschen eines bestimmten Vokaltimbres. Die ganz Schamlosen haben den Vokal -a- in ihrem Lachen, die weniger Schamlosen das -o-, die am wenigsten schamlos sind, weisen das -i- auf. Die Schamlosigkeit nimmt also ab, in dem Maße, wie das Lachen dem Vokaldreieck folgt, das von den offenen Vokalen zu den geschlossenen verläuft.

Der schamlose Körper – gekennzeichnet durch Auswuchs und schlundartige Öffnung – ist ein Körper in Bewegung, ein bewegter Körper. Er ist haltlos; Schultern, Wirbelsäule, Fersen sind »schwachsinnig« und geben allzu leicht nach, die Knie knicken ein, das Gehen erfolgt vornübergebeugt und unsicher – so sieht ihn Della Porta, der damit die in der Antike gültigen Merkmale aufgreift. Der Hals ist nicht fest genug, er zittert, alle Glieder tun es ihm nach. Der Blick flackert und flackert (Della Porta/Jean d'Indagine und Laingneau), die Augäpfel wandern unruhig umher, die Augenbrauen zucken so sehr, daß sich schließlich Augen und Aussehen zusammen verändern. Selbst die Stimme zittert, als ob der ganze Leib in unkontrollierte Resonanz gerate. Es vermag sich der Körper zu verbiegen, zu winden, zu verrenken; wobei sich die Haut von Stirn und Wangen (Della Porta) und die borstigen roten Brauen zusammenziehen (J. d'Indagine). Werden die Augen starr, so sind sie fest nach oben gerichtet und glimmen rötlich wie während der Kopulation, so bei dem Schamlosen, der Säufer, Spieler, Weiberheld ist; es können die Augen aber auch nach links oder rechts verdreht sein. Der Körper des Schamlosen gehört diesem nicht mehr, die Bewegung reißt ihn fort – es ist ein Körper ohne Subjekt.

Und schließlich ist es ein Zwitter-Körper, beide Geschlechter sind in ihm vereint. Der Schamlose, wie ihn Della Porta in seinem vierten Buch seiner Abhandlung beschreibt, kommt dem Weichling und dem Weibischen nahe. Er wird den Frauen zugeordnet und von den starken und harten Männern unterschieden. Der Schamlose ist der Homosexuelle mit den kraftlosen und flatterigen Handbewegungen, mit der gebrochenen hohen Stimme, die in den Ohren schmerzt. Er trägt eine eng anliegende Perücke, die Ärmel seines Rocks fallen über die Hände, er riecht nach parfümierten Salben, begafft sich im Spiegel, rasiert sich die Brauen, trägt das Kinn bartlos und setzt behutsam ein Bein vors andere, die Schenkel gelockert wie die

Frauen. Aber es hieße, ein verzerrtes Bild von der Schamlosigkeit zu zeichnen, verharrt man nur bei ihrer homosexuellen Komponente. Genauso wie Männer mit femininen Eigenschaften als schamlos gelten, gelten es auch Frauen maskuliner Prägung, also Frauen mit Bartwuchs und die sogenannten Mannweiber. Bei ihnen sieht J. d'Indagine Züge von großer Unbescheidenheit und Unzucht. Eine hartnäckige traditionelle Sicht, die in der Verbrecher-Anthropologie von Lambroso[5] am Ende des 19. Jahrhunderts zu dem Standpunkt führt, die männliche Frau mache einen der hauptsächlichen morphologischen Typen der Kriminellen und geborenen Prostituierten aus.

Das Zwittrige als Symptom der Schamlosigkeit meint jedoch mehr als nur die Vermischung beider Geschlechter in einer Person. Es beinhaltet allgemeingültigere Ambivalenz. Als schamlos werden auch die ewig jungen Männer mit weißem Haar bezeichnet, die, so J. d'Indagine, nicht davon ablassen, die Frauen heimzusuchen. Verweisung auf Doppelgeschlechtlichkeit, nicht alterstypisches Auftreten, Verschmelzung von Menschlichem und Animalischem macht das Wesen der Physiognomik aus. Der Schamlose, der unmelodiös und heiser wie ein Bock oder wie ein brünstiger Hirsch klingt, der etwas vom Hahn oder vom Affen an sich hat, ist auch, so meint Gratarolo, der Faun mit den gekrümmten, dicht behaarten Schenkeln.

Der Schamlose und das Ideal des klassischen Menschen

Die Physiognomik von Scham und Schamlosigkeit läßt eindeutig die Denklinien erkennen, denen folgend die Anschauung des 16. und 17. Jahrhunderts Körperform und Empfinden miteinander in Beziehung setzt, läßt die Art und Weise erkennen, wie sich gestörte Empfindungen, dunkle oder suspekte Vorstellungen verkörpert finden. Es handelt sich dabei um eine alte Vorgehensweise, das Obszöne und Schlüpfrige physisch zu symbolisieren. Um ein Feld von Analogien zwischen dem Inneren und dem Äußeren, dem Geschlechtlichen und seinen Zeichen. Auch um ein Gefüge aus Beziehungen, das von der Furcht regiert wird, innere Vorgänge am Körper sichtbar werden zu lassen. Dazu kommt die geringere Toleranz gegenüber allem, was nicht unter Kontrolle steht und in Unruhe ist – es gewinnen die zügellosen oder jähen Bewegungen zusätzlich sexuelle Konnotation. Die Abhandlungen über schickliches Betragen und Physiognomie bestätigen sich diesbezüglich in der Gegenüberstellung: Schamlosigkeit ist fehlender Respekt vor den Außenseiten und Grenzen des Körpers, Höflichkeit dagegen bedeutet genau, diese Grenzen zu betonen.

Dies bekräftigt die subtile Unterscheidung Bachtins zwischen groteskem und klassischem Körper. Der groteske Körper, das ist der hyperbolische mit seinen Auswüchsen und Einbuchtungen, der nicht in sich ruht, der von einer rein physischen Kraft geschüttelt wird, den rein organische Funktionen wie Absorption und Exkretion beherrschen. Es ist der Körper im Zweikampf, der Körper, der immer noch einem anderen als dem seinen verhaftet ist, der keine Beschränkung kennt, sondern in die Welt und zu den Menschen strebt. Seine Begrenzung ist nicht von Dauer, seine Abgrenzung durchlässig, er ist nicht festgelegt und nicht bestimmt: »Im Grunde gibt es, in einem extremen Verständnis des grotesken Motivs, keinen individuellen Körper. Der groteske Körper besteht aus Einbrüchen und Erhebungen, die schon den Keim eines anderen Körpers darstellen.«[6]

Dieses Körperbild wird im Zeitalter des Classicisme* ersetzt:

* Französische Stilepoche von etwa 1620 bis Ende des Jahrhunderts (d. Ü.)

Typisch für den neuen Körperkanon ist (trotz aller wichtigen historischen und Gattungsvarianten) der fertige, streng begrenzte, nach außen verschlossene, von außen gezeigte, unvermischte und individuelle ausdrucksvolle Körper. Alles, was absteht und vom Körper ausgeschieden wird (…), wird abgetrennt, beseitigt, verdeckt und gemildert.«[7]

Der klassische Körper realisiert so die Wunschvorstellung von dem geschlossenen, gezügelten, beherrschten und geeinten Körper. Seine Einheitlichkeit ist die seines Subjekts.

Es können somit die Neuausrichtungen des Schamgefühls und die Sensibilität, die es voraussetzt, die Distanzen, die es schafft, sowie seine Verhaltensregeln von den Veränderungen in den Körperrepräsentationen ausgehend begriffen werden, zu denen es im Verlauf des Classicisme kommt: das Sexuelle wird in den Körper zurückgedrängt, das Zwittrige auf das Sexuelle festgelegt, es wird das Bedürfnis nach Kontrolle des Organischen durch das Subjekt genereller. Das eigentlich Körperliche und Sexuelle – Ausstülpungen, gähnende Öffnungen, Vermischungen – werden jetzt verwischt und vertuscht, auf daß sich die Einheitlichkeit eines Subjekts herstelle. Sollte noch eine Dualität für dieses bestimmend sein, so allein jene von Körper und Seele, die in der Kategorie des Ausdrucks aufgehoben wird. In diesen Veränderungen liegt der Grund dafür, daß die Zahl der Abhandlungen über Physiognomie wächst. Sie spiegeln die Wandlung des Körperbildes wider und wirken gleichzeitig auf diese ein, indem sie zu der Herausbildung des klassischen Körperideals beitragen. Die Themen, die diese im Verlauf des 16. und 17. Jahrhunderts neu behandeln, sind diesbezüglich von beredter Aussage. Allerdings hatte sich schon Savonarole Mitte des 15. Jahrhunderts in seinem Werk »Speculum physiognomiae« der Berechnung von Körperproportionen gewidmet und dabei auf ein ideales mittleres Maß abgezielt, womit sich der Schönheitskanon des Classicisme bereits abzeichnete. Vor allem hängt die erneuerte Tradition der Physiognomik dem Dualismus von Körper und Seele an, den sie semiologisch als ein Verhältnis zwischen äußeren Körperzeichen und inneren Neigungen und Charaktereigenschaften sieht. Und sie entwickelt sich weiter mit dem Aufkommen der Kategorie des Ausdrucks – die thematische Verschiebung der Abhandlungen beweist das –, als Individualität und Expressivität des Körpers sich tendenziell gegen dessen Bezogenwerden auf das Organische durchsetzen.

Im neuen Körperkanon konzentriert sich die Aufmerksamkeit auf den Kopf, das Gesicht, die Augen, die Lippen, das Muskelsystem und auf die Haltung des Körpers gegenüber der Außenwelt.[8]

In den Abhandlungen gewinnt das Gesicht gegenüber dem Körper immer mehr an Aufmerksamkeit, bis dieser schließlich mit weiterer Einschränkung des körperlichen Symbolfeldes Ende des 17. Jahrhunderts ganz auf das Gesicht reduziert ist. Das belegen die berühmten »Conférences sur l'expression des passions« (1668) von Charles Le Brun.[9] Innerhalb des Gesichts gewinnen die Augen gegenüber Nase und Mund an Bedeutung. Della Porta widmet ihnen ein ganzes Buch seiner Abhandlung »De humana physiognomia«, denn sie sind die Boten der Seele, die Fenster des Herzens. Der ausdrucksvolle Blick interessiert am Auge, nicht so sehr dessen Morphologie. Allgemein gilt, daß der Ausdruck die Morphologie ablöst. So gibt Le Brun kaum noch eine morphologische Darstellung des Gesichts, er arbeitet auf eine Morphologie des Ausdrucks hin.

Es sei betont, daß sich die Herausbildung der klassischen Formen in der Körperrepräsentation nicht isoliert vollzieht. Die Sprache wird einer gleichermaßen veränderten Betrachtung unterzogen. Die Zeit der Grammatiken und Stilistiken bricht an, deren Verfasser das klassische Französisch schmieden und Überflüssiges, Fehlerhaftes und Unvollständiges oder auch Zweideutiges unermüdlich anprangern.[10]

Die Physiognomik des Classicisme – ist sie nicht im Grunde der problematische Versuch, eine Grammatik des Körpers zu begründen? Ist die Scham nicht der Corpus ihrer Regeln, mit dessen Hilfe es möglich wird, die in einer feinen Gesellschaft gültigen Ausdrucksformen hervorzubringen und zu interpretieren? Und Groteskes daraus auszumerzen …

Deutsch von Helgard Rost

1 Dt.: Erasmus von Rotterdam, *Züchtiger Sitten zierlichen Wandels und höfflicher Geberden der Jugent* [»ungetreue Wiedergabe eines Druckes aus dem Jahr 1531«], Erasmusdruck GmbH Berlin, o. J. Zu dem Werk des Erasmus siehe Norbert Elias, *Über den Prozeß der Zivilisation: soziogenetische und psychogenetische Untersuchungen*, Bd. I, Suhrkamp Taschenbuch Verlag, Frankfurt am Main 1992, S. 66 ff.

2 F. Bourriquant, *Civilité honneste pour l'instruction des enfants*, au Mont Hilaire, 1648.

3 Wie P. Delaunay hervorhob in »De la physiognomie à la phrénologie, histoire et évolution des écoles«, in: *Le Progrès médical*, Nr. 29–31, Juli/August 1928, S. 1207. Neuere französische Veröffentlichungen: G. Lanteri-Laura, *Histoire de la phrénologie*, PUF, Paris 1967; F. Dagognet, *Faces, Surfaces, Interfaces*, Vrin, Paris 1982; J. Baltrusaïtis, *Aberrations*, Flammarion, Paris 1984; Carlo Ginzburg, »Signes, traces, pistes«, in: *Le Débat*, Nr. 6, 1980, S. 3–44.

4 G. B. Della Porta, *La physiognomie humaine*, Rouen 1655, S. 1.

5 C. Lambroso und G. Ferrero, *La Femme criminelle et la Prostituée*, Alcan, Paris 1896.

6 Michail Bachtin, *Rabelais und seine Welt. Volkskultur als Gegenkultur*, Suhrkamp Verlag, Frankfurt am Main, S. 359.

7 Ebd., S. 361.
8 Ebd., S. 363.
9 In: *La Nouvelle Revue de psychoanalyse*, Nr. 21, 1980, S. 93–122.
10 Siehe C. Haroche, *Faire dire, vouloir dire*, Presses universitaires de Lille, 1984.

PHILIPPE PERROT

Der diskrete Reichtum

Kurze Geschichte des bürgerlichen Kostüms

Die Geste der Scham verbirgt weniger das eigentliche Objekt einer Schande oder eines Skandals, als daß sie abschirmt, was diese hervorrufen würde – käme es zum Vorschein. Verletzt kann das Schamgefühl nur durch Zeugen werden, die es ertappen, verletzend wird sein Fehlen nur auf die wirken, die das wahrhaben. So bewacht es für diese Zeugen – und gleichzeitig vor ihnen – die Integrität eines Bildes, indem es dieses vor den Blicken verhüllt. Es deckt diese Nacktheit, versagt sich jenes suggestive Auftreten und verteidigt in bezug auf anderes wieder andere Geheimnisse. Denn zu der Furcht vor der Begierde der Umwelt oder zu der vor dem eigenen Verlangen nach dem anderen kann die Angst hinzukommen, Gefühle preiszugeben, wenn man etwa aus Freude oder vor Schmerz weint, oder ganz allgemein die Angst, es an Diskretion oder Bescheidenheit mangeln zu lassen, indem man sich exponiert, wo man sich entziehen müßte, oder auftrumpft, wo man sich mäßigen sollte.

Somit läßt sich die Schmucklosigkeit, die sich mit dem historischen Triumph der bürgerlichen Klasse ausbreitet, nicht auf eine simple körperliche Verweigerung oder allein auf Prüderie reduzieren. Sie ist auch Ausdruck einer Ethik und einer Ästhetik des Unauffälligen und Nichtssagenden. Das geziemende Auftreten hat glatt und neutral zu sein, damit es, wie die Mauern um das Private, von dem tyrannischen Blick der anderen fernhält und überhaupt von allem, was sich damit an Neugierde, Deutungen und Urteilen verbindet. Freilich, diese Abschottung schärft den Blick der anderen nur noch mehr, denn was dieser auch erspäht, es wird auffällig und damit Zeichen – und verpflichtet zu noch mehr Reserviertheit. Eine Bewegung, das kleinste Mienenspiel, ein Detail in der Garderobe oder Kosmetik entgeht der Verstandeskontrolle, und sogleich wird es funkelndes, geflügeltes, offenes Indiz, das die Aufmerksamkeit der anderen erregt und ihnen die peinliche Botschaft übermittelt. Und selbst wenn diese nicht ehrenrührig wäre, Diskretion und Bescheidenheit gebieten stets, alles zu verbergen.

Die moralische Weigerung, das Ich zur Schau zu stellen, und die politisch motivierte Zurückweisung ausgestellten Reichtums ergeben, engstens miteinander verbunden, diese Verzichthaltung, die so beständig und angstvoll zur Überprüfung zwingt. Und die damit dem dringlichen Gebot unterwirft, den Körper wegzustecken, seine allzu fleischliche Gegenwärtigkeit einzuschläfern und deren mißlichen und lächerlichen Seiten zu kaschieren, ihren Appetit und ihre Schandflecke zu vergessen – kurz, dem dringlichen Gebot, ein »Erscheinen« zu verdrängen, das sich schuldig machen würde, weil es zu luxuriös und zu enthüllend, offensichtlich zwecklos und zwecklos offensichtlich wäre.

Das Modell des prunksüchtigen Edelmannes wurde ersetzt durch das des tadellosen Herrn mit seiner Abneigung gegen leuchtende Farben und mit seiner Vorliebe für die Nüchternheit einfarbigen oder feingestreiften Tuchs. Der Dünkel, das Zurschaustellen und Ausschweifende, die Freude am Verschwenden, alles, was die »Natur« des Aristokraten, seine Ehre, sein Vergnügen und seine Standespflicht ausmachte, gilt nunmehr als unanständig, unschicklich, als eine Art Attacke auf Scham und Etikette. In England wie in den Niederlanden, überall, wo die Bourgeoisie politische

Macht ausübt, siegt auf fade Weise Sparsamkeit über Vergeudung, Schmucklosigkeit über das Ornament, Herbheit über Frivolität, aufgesetzte Korrektheit über hochtrabende Pose. Brokat und Spitze, Schminke und Geschmeide, Puder und Perücke, all diese Embleme einer vergangenen Welt sind dem männlichen Äußeren abhanden gekommen; ewig Trauer zu tragen, ist sein Los geworden. Jeder Anflug von Koketterie bei einem Mann, jede zu nachdrückliche oder ersichtliche Aufmerksamkeit für seine Person würden sogleich das sittliche Gebot des Verzichts und der Verinnerlichung verletzen, es verwies nur mehr auf die provokante und zweideutige Sphäre des Künstlertums und des »Weibischen«. Allein den Frauen kommt noch die dekorative Rolle zu, nur ihnen wird noch zugebilligt, sich in dieser intensiv und demonstrativ zu verwirklichen. Dem starken Geschlecht fällt allerhöchstens zu, die Eleganz, Kenntnis und Technik gekonnter Einfachheit zu erfinden, dieses Spiel subtiler Differenzierung innerhalb der ins Auge fallenden Uniformität, diese betonte Zurückhaltung und verschämte Eitelkeit, die das Individuum der demokratischen Gesellschaft auszeichnet, das reich genug ist, um seinen Reichtum nicht unterstreichen zu müssen, und kultiviert genug, um die Chemie dieses aufschlußreichen Vertuschens zu verstehen und nuanciert zu beeinflussen.

Wie gewisse Körperstellen, gewisse Gesten, gewisse Emotionen werden nun auch die äußeren Zeichen des Reichtums nur noch kaschiert oder indirekt zur Schau gestellt – mit Ausnahme des Überflusses an der Tafel und des Pomps der weiblichen Toilette. Im übrigen wird der politische Universalismus, ohne daß dies Prestige oder Rangstelle des Geldes nur einen Augenblick in Frage stellte, die sozialen Unterscheidungen noch weiter abschleifen, zumindest wird er ihre ganz materiellen Aspekte abschwächen. Das Vorrecht des Besitzens, das sich von nun an mit einem leicht schlechten Gewissen umgibt (verdient man es auch wirklich, da es sich doch weder von der Natur noch von einer Transzendenz ableiten läßt?), schlägt sich vor allem in der Art zu haben nieder. Es ist eine ausgeklügelte, gesuchte Art, um die eigene Vorherrschaft für jene erträglich zu machen, die nichts haben, um ihnen in peinlicher Bemühung zu verbergen, wie ein Reichtum privat, allein für sich, vertan wird, wobei genug davon vor denen aufscheinen darf, die etwas besitzen und voller Neid sind. Es ist dies eine Strategie, die halb asketischer Luxus, halb üppige Mäßigung ist, ein ostensibler Hyper-Verbrauch, der Besitz mehr suggeriert als unter Beweis stellt. Ungezwungenheit und stattliche Schlichtheit geben an, daß das Vermögen ein altes ist und man sich seiner geziemend bedient. Es sind in der Tat nur noch die Parvenus, die zu viel hermachen wollen, die glauben, durch übertriebene Ausgaben, durch wirkungsvolles Zurschaustellen Eingang zu finden in die Welt des guten Tons und sich in gegenwärtigem Genuß für einstige Entbehrungen entschädigen[1] zu können.

Es bedurfte nicht erst der politischen Entfaltung des Bürgertums, bis sich die Praxis der schmucklosen Erscheinung und die Kritik an demonstrativem Konsum bemerkbar machten. Diesbezüglich ist die Französische Revolution nur ein Moment in einem Prozeß, der sich erst im folgenden Jahrhundert vollenden wird. Die Moral der Abstinenz, von der hier einige bedeutsame Aspekte und Mechanismen umrissen werden sollen, weist eine lange Entwicklungsgeschichte auf, die noch wenig erhellt ist.

Auf das Postulat der griechischen Ethik, sich an der Natur des Menschen und nicht an von ihm gesetzten Werten auszurichten, wollen wir hier nicht weiter eingehen. Bekannt ist, daß die Kirche im Auftrag des

Evangeliums und der Kirchenväter heftig anprangerte, wenn aus Überschuß Überfluß wurde, vor allem wenn dieser nicht dem Ruhme Gottes diente. Selbsterhebung des Menschen über den Schöpfer, Habgier, Geiz, Liebe zu irdischem Gut, persönlicher Luxus sind sündhafter Stolz und Wucher, die, ließe man ihnen freien Lauf, zu einer Verlotterung der Sitten und zum Ende der gottgewollten Welt führten. Es bleibt das ganze Mittelalter hindurch die Arbeitsproduktivität der christlichen Moral untergeordnet, beschneiden doch zum Beispiel die heiliggehaltenen religiösen Feste die Spanne für profanes Wirken. Und die Ausgaben unterliegen den gebieterischen Zwängen der »natürlichen Wirtschaft« oder den Verpflichtungen des sozialen Rangs. So wird vom Lehnsherr verlangt, daß er seine Einnahmen großzügig in Form von Opfergaben oder durch Prunkentfaltung verteile – die Tugend des Gebens war Verpflichtung.[2]

Dieses Gleichgewicht, das auf der Selbstbeschränkung der Produktion und dem Eigenverbrauch des Mehrprodukts basiert, wird von der langsam aufkommenden kapitalistischen Organisation gekippt. Sie bedeutet Planung der Arbeit und des Reichtums, was insbesondere seit der Reformation unter ganz neuem Blickwinkel gesehen wird. Es werden Besitz und Ausgeben nun andere soziale Bedeutung und Funktion zugewiesen, was tiefgreifend gesellschaftserneuernd wirkt. Ohne hier in die nicht endende Debatte über die protestantische Ethik und den Geist des Kapitalismus einsteigen zu wollen, sollte doch, in bezug auf unser Thema, zumindest festgestellt werden, daß überall, wo die Reformation sich durchsetzte – vor allem der Kalvinismus –, diese regulierende Moral, die das Mehrprodukt zur Konsumtion vorsieht, sogleich und auf bezeichnende Weise vergeht. Damit verschwinden alle große Formen unproduktiven Ausgebens.[3] Dies bezeugen die Unterdrückung von allzu ausufernden Festlichkeiten und das Aufgeben eines zu zweckfreien künstlerischen Ausdrucks, es bezeugt dies die Eliminierung allen überflüssigen Zierats, allen prahlerischen Prunks, jeden Flitters, jeder auffälligen Aufmachung zugunsten einer diskreten und bescheidenen Erscheinung sowie unerbittlicher Schmucklosigkeit.

Der schönfärberischen und erhabenen Sicht von der aristokratischen Natur, die sich zu Freigebigkeit und zweckfreiem Prunk hingezogen fühlt, stellt sich düsteres Mißtrauen in die menschliche Natur ganz allgemein entgegen: sie wird als heillos verderbt und als für immer von der Erbsünde gezeichnet angesehen. So ist in der Lehre von der Prädestination das Heil nicht einmal mehr Folge von Verdienst und Werk – diese werden zu höchst vergeblichen und nichtigen Anstrengungen in Anbetracht des gegebenen Zustands –, das Heil ist Resultat einer göttlichen Verfügung, die wertfrei und ungewiß ist, eben göttliche Laune. Es stellt Calvin fest, indem er sich auf den heiligen Bernard beruft: »So stehe es beim Menschen, einfach zu wollen, bei der verderbten Natur, das Böse zu wollen, und bei der Gnade, recht zu wollen!«[4]

Doch nicht der ursprüngliche Kalvinismus hat am meisten zu der Entwicklung der Produktivkräfte und zur Akkumulation von Reichtum beigetragen, dies erreichten seine späteren puritanischen Auslegungen. Sie stellen jedes Nachlassen von Anstrengung als beunruhigendes Zeichen eines Fluches hin, so wie sie Wohlstand durch Fleiß zum Zeichen für Auserwähltsein erheben.[5] Nichtsdestotrotz wirkt der Kalvinismus seit seiner Entfaltung daran, daß sich die mittelalterliche Enthaltsamkeit – und damit alle ihre kontemplativen, unfruchtbaren und nicht zeitgerechten Existenzen – in eine Moral der Aktion, in kämpferisches Leben, in fruchtbringende Arbeit verwandelt. Als heilsam, nicht als heiligsprechend oder erlösend wird die Arbeit nun angesehen. Die Reichtümer, die sie hervorbringt, werden selbstredend nicht mehr in Prunk umgesetzt oder in unkontrollierte Nächstenliebe, die Elend und Faulheit fortbestehen lassen. Produzierte Werte zu verschwenden oder in glanzvollem Pomp zerrinnen zu lassen ist keine Tugend mehr, geschehe es auch, um Gotteshäuser auszuschmücken oder im Dienste feudalherrschaftlichen Gepränges. Aber Rückzug in unproduktives Büßertum – die andere Möglichkeit, sich über das Geld zu erheben –, gilt ebenfalls nicht mehr als Tugend. Sie besteht nunmehr aus nützlicher, ertragreicher Aktivität, aus Erfüllung der jedermann auferlegten Mission kraft seines Handwerks, das, beharrlich ausgeübt, mit Gottes Gnade und Allmacht verbindet. Glaube und Gehorsam verbieten jeden Grund zum Stolz über das Erreichte wie auch den genießerischen Konsum freien Überschusses. Aber der Reichtum bleibt fester Bestandteil des göttlichen Erbes, denn von dem Herrn kommt er, und nur er verfügt über ihn. Und die, denen er in Verwahrung gegeben ist, müssen Sorge dafür tragen, ihn in Sparsamkeit zu verwalten und ihn gewinnbringend anzulegen, um somit eine vernünftige Gestaltung der Gesellschaft befördern zu helfen. In ihr soll Arbeit und Lohn zu Verteilung kommen an Stelle von Almosen an Bettler und somit eine effiziente und gerecht ausgewogene Nächstenliebe praktiziert werden.

Reichtum ist demnach keinesfalls Belohnung, sondern Verpflichtung, Verantwortung, und Geld ist keine seltene Blume, an der man sich begehrlich ergötzt oder die man zwecks eitler Zierde brechen dürfte.

Sie sollen also die unmäßige Gier, die maßlose Vergeudung, die Eitelkeit und Unmaßung fahren lassen und mit reinem Gewissen Gottes Gaben rein anwenden! Sobald das Herz zu solcher Bescheidenheit geschickt ist, hat man die Regel des rechten Gebrauchs der Dinge bereits erfaßt.[6]

Wie diese »Regel des rechten Gebrauchs« aussagt, zeichnet sich der Christ reformierten Glaubens zwar durch einen tiefen Respekt vor dem Geld, dieser Gottesgabe, aus, doch gleichzeitig ist er den Freuden, die es zu verschaffen vermag, und jedem Götzendienst ganz abhold. Dies bedeutet, selbst wenig zu verbrauchen, um viel zu produzieren, um die Akkumulation eines immer wieder in Investitionen zu verwandelnden Kapitals voranzutreiben, was freilich später, vor allem wenn die Zeiten demokratischer werden, nicht ganz ohne Gewissensbisse vor sich geht, ob man nämlich den Besitz von vornherein verdiene; und das verstärkt die Scham, ihn voll und ganz einzugestehen.

Über diese Einstellung zu den materiellen Gütern und zu der Bereitschaft, den Reichtum erkennen zu lassen, über diese Art gelebte und zur Schau gestellte Enthaltsamkeit in bezug auf eine immerhin wesentliche und ausschlaggebende Wirklichkeit erteilt die bürgerliche Garderobe besser Auskunft als alles andere. Selbst wenn diese nicht durchweg nur funktionell ist, denn Anstand und Schicklichkeit müssen in ihr Ausdruck finden, auch wenn sie nie ganz unscheinbar wird – schließlich leitet Gott den, der sie auswählt[7] –, so entledigt sie sich doch aller Accessoires, aller Verzierungen, allen Beiwerks, gäben diese doch Eitelkeit und Zügellosigkeit kund[8].

Was die Kleider angeht – wo bleibt da die Dankbarkeit gegen Gott, wenn wir sie überreich zieren und uns dann selbst in ihnen bewundern und andere geringschätzen, oder wenn wir uns durch ihren Glanz, ihre Pracht zur Unkeuschheit verleiten lassen? Wo bleibt die Erkenntnis Gottes, wenn unser Herz an die Großartigkeit unserer Kleider gefesselt ist?[9]

Freilich, wie sollte man ein durchweg schlichtes Äußeres erreichen, ohne allergrößte Aufmerksamkeit darauf zu verwenden? Ohne dabei eine Negativ-Koketterie zu entwickeln, die den gewichtigen Zierat durch sein bedeutsames Fehlen ersetzt? Das umfangreiche »Traktat über den wohlanständigen Aufputz des Christen« aus der Feder des Reformators Lambert Daneau belegt diese Paradoxie. Das Werk erklärt, gleich vielen anderen auch, des langen und breiten Tugenden wie »Schmucklosigkeit«, »Gesetztheit«, »Bescheidenheit«, »Keuschheit«, »Schicklichkeit« und erläutert, wie es diese in der Kleidung zu beachten gelte, denn das gehöre unbedingt zu der Konsequenz aus Adams Sündenfall. Die schickliche Art des Sichkleidens scheut ökonomische Verausgabung, nicht aber die verkrampfte psychische Daueranstrengung,[10] ja nicht aufzufallen. Nur ja nichts hervortreten lassen, etwa durch die Entscheidung für eine zu modische Form, für ein ausgefallenes Material oder einen ins Auge stechenden Farbton.[11]

Die bilderfeindliche Reformation prägte die einzelnen Gesellschaften dahingehend, daß Schönheit und Reichtum nur mehr betont diskret aufscheinen dürfen. Zweckdienlichkeit und hoher Wirkungsgrad werden angestrebt und verdrängen die Verherrlichung der Kreatur. In ihrem Hang zur Selbstkasteiung gesteht die Reformation den Menschen nur ein auffällig karges Äußere zu und verpflichtet sie, ein Beispiel an Demut und Maß, Sparsamkeit und Arbeitssinn abzugeben.

Sobald Unterscheidungen im Äußeren nicht mehr lediglich aus individuellen Wesensmerkmalen hervorgehen, sondern aus variablen sozioökonomischen Gegebenheiten, werden sie als Gotteslästerung und Verhöhnung der Armen aufgefaßt. Schon zu sehr habe sich der Mensch, der sich seit dem Sündenfall immer mehr von Gott entferne, von äußerem Glanz blenden und von Oberflächlichkeiten vereinnahmen lassen, die nicht Teil der Schöpfung sind, sondern zum sündigen Bereich der Lust und der Eitelkeit gehören.

Die revolutionierende Wirkung der Reformation, die sich aus ihrem tiefgehenden Bruch mit dem Geist und den Strukturen des Mittelalters ergab, wird weit über den kirchlichen Bereich und die protestantischen Gemeinden hinausgehen. Sie wird vor allem diese schmerzhafte und doch auch wieder stärkende Moral des Sparens und Erwirtschaftens befördern, die den Genuß der Produktion unterordnet, sowie das neue, reservierte Verhalten gegenüber Ausgaben, die nichts einbringen, oder zumindest das peinliche Gefühl in Fällen, da diese zu ersichtlich werden. So können sich schließlich in Frankreich, obwohl es der weiteren Ausbreitung des Protestantismus widerstand, in weiten Teilen des Bürgertums diese angestrengte Tristesse und diese zur Tugend erhobene Genügsamkeit herausbilden, die dazu führen, daß hier im 19. Jahrhundert schneller und bereitwilliger als in jedem anderen lateinischen Land katholischen Glaubens die puritanische Kleidermode Aufnahme fand. Gemeint sind das schwarze Gewand des *clergyman*, der Gehrock des *gentleman*, der Quäkerhut und in Verbindung damit die *self-control*[12] im Auftreten, wie sie typisch ist für protestantische Gegenden.

Gewiß war in Frankreich, obwohl abgeschwächter als anderswo, die Gegenreformation auch eine Gegenoffensive der Form und äußeren Erscheinung. Dem verborgenen und verinnerlichten Gott stellte sie einen Gott fürs Auge entgegen. Damit stärkte sie jenen künstlerischen Ausdruck, der sich gegen die Ethik des Schmucklosen als Begleiterscheinung einer produktiven Wirtschaft wenden sollte. Sie wertete die nie versiegende Einnahmequelle ungebrochenen Konsums auf, sie verherrlichte den Pomp von Klerus und Adel mit dem Ziel, das moralische und politische Prestige gerade dieser beiden außerhalb der Produktionsmechanismen befindlichen Stände zu stärken.

Der dafür betriebene Aufwand nahm jedoch nicht die Ausmaße an wie in den meisten anderen katholischen Ländern Mittel- oder Südeuropas. Der Barock, der das herausfordernd zur Vollendung trieb, was der Protestantismus in Frage gestellt hatte – das Überspannte und Üppige, Verschwendungssucht und Maßlosigkeit, ja Blendwerk –, wurde stark zugunsten von Ordnung, Strenge und Maß im französischen Sinne zurückgedrängt. Die Formen wurden gebändigt, ausgerichtet, auf eine strenge Eindringlichkeit hin vereinfacht, es dominierte die Waagerechte, das Geradlinige und Geometrische, die Mitte. Der Classicisme verwirklicht sich in politischer Absicht, und er bringt diese deutlich zum Ausdruck. Die Autorität des Monarchen gegen die Gelüste der Fronde* oder gegen die barocken Turbulenzen zu stärken, bedeutet auch, die Regeln der Kunst wie der Etikette als Instanzen zu festigen. Somit bieten die imposanten, dabei jedoch immer ausgerichteten und geregelten Demonstrationen monarchischen Kults das Schauspiel einer sich selbst beherrschenden Macht inmitten majestätischer Ordnung und Symmetrie und nicht das einer zügellosen Gewalt, umgeben von ausuferndem Schwulst. Sache des Staates ist es auch, die Menschen in Zaum zu halten, ihre Leidenschaften zu disziplinieren und sie zur Vernunft des Anstands hinzuleiten.

Diese »Rationalisierung« der Welt ist, auch wenn sie ganz im Dienste des Königs steht, im wesentlichen bürgerliches Werk, und sie ist Teil des großen Vorhabens, die Dinge durch Wissen und Arbeit, durch Logik und Effizienz zu reformieren.

Der Hofadel, der keine administrative und politische

* Parlamentsfronde (1648/49) und Fronde der Prinzen (1649–1653): letzte große Erhebung französischer Feudalherren gegen den Absolutismus (d. Ü.)

Funktion mehr hat – ein entwurzeltes Milieu im Schatten des Throns –, rechtfertigt seine Stellung allein durch einen ungebremsten Konsum. Sein Lebensstil aber reflektiert das glanzvolle Bild des Monarchen und läßt es bis zur Stadt hin hell erstrahlen. Das Handels- und Handwerksbürgertum dagegen, das der höfischen Welt diesen vitalen und wunderbaren Luxus verschafft, ohne an ihm teilzuhaben, entwirft damit einen gänzlich anderen Gebrauch von Reichtum. Zwei Zwangsläufigkeiten, die sich in symmetrischer Zuordnung ergänzen: die eine verläuft von innen nach außen, die andere von außen nach innen, erstere verwirklicht sich durch das Muß verschwenderischer Zurschaustellung, die andere über das Prinzip wachsender Akkumulation, ohne daß sie sich deswegen allein anhand ihrer materiellen Ergebnisse erklären ließe oder nur durch diese motiviert würde. Die Moral der Selbstbeherrschung, der Genügsamkeit und des Kalküls entfaltet und verhärtet sich auch in Hinblick auf das allgemeinere Ziel, die bis in den Grund schlechte menschliche Natur und ihre mächtigen, doch unseligen Instinkte zu bändigen, ihren nicht ungefährlichen Heißhunger zu unterdrücken – giert er doch immer nach Lust, die mit Knechtung und Schwächung einhergeht. Diese Moral verkündet das bürgerliche Kleid in seiner dunklen Nüchternheit zur Genüge, aber genauso seine neckische Variante, bei der die Übertriebenheit und der Glanz des Adels nachgeäfft werden, ohne daß die dafür notwendigen Mittel zur Verfügung stehen.[13]

Der Jansenismus, dieser »Aufguß des Kalvinismus«, wie ihn seine Zerstörer nennen, verstärkt durch seine in der Tradition des Augustinus stehende Neigung, die dem Menschen innewohnenden Möglichkeiten geringzuachten und ihn vor Gott zu demütigen, noch die pessimistische Sicht auf die menschliche Natur und betont die restriktiven Folgen, die daraus erwachsen. Die Prädestinations- und Gnadenlehre des Jansenismus durchdringt mit der Zeit mehr und mehr die Gesellschaft, vor allem aber findet sie Widerhall beim großen Handelsbürgertum und noch mehr beim Amtsadel[14], die sie auch am einfühlsamsten fortsetzen. Sie wird also von den aktivsten und gleichzeitig am meisten zurückgesetzten Elementen des sozialen Korpus getragen. Denn die bürgerliche Aristokratie, vor allem die der Parlements* mit ihrer altphilologischen und humanistischen Bildung und ihrer strengen Gottesfurcht, die über Privilegien des Besitzes wie der Kultur verfügt, fühlt sich durch die Vorrechte des Schwertadels verletzt, zumal dieser durch Gepränge und Anmaßung die Schwächung kompensiert, die der staatliche Zentralismus ihm zugefügt hatte.

Die Vorstellung, durch die Erbsünde sei dem Menschen gänzlich jede Größe unmöglich geworden, läuft mehr oder weniger darauf hinaus, daß jede Autorität bestritten, jedes Gesetz relativiert wird, genauso jede Hierarchie, daß jeder Stolz, ja Stolz überhaupt, nichtig sei. Das wertet freilich auch den hohen Idealismus und die alten heroischen Überzeugungen ab, wonach das Verlangen nach Ruhm ein Mittel zur moralischen Erhebung sei. Es wirkt der Selbsterhöhung des Königs entgegen und bedeutet, etwa bei Pascal, den göttlichen Charakter seiner Herrschaft in Zweifel zu ziehen. Gegen die Willkür der Macht und die Staatsraison verteidigt der Jansenismus das Recht auf freie individuelle Gewissensprüfung. Trotz der Repressalien gegen ihn entwickelte er sich nach und nach zu einer Herausforderung für den Absolutismus. So wird Sainte-Beuve in seinen Abhandlungen unter dem Titel »Port-Royal« (1840/59) den Jansenismus als einen »vorzeitigen Ver-

* Königliche Gerichtshöfe (d. Ü.)

such seitens eines gewissermaßen höheren dritten Standes, der sich im Rahmen der Kirche selbst regiert«[15], definieren und diesbezüglich unterstreichen, welche soziologische Affinität, welche fast organische Verbindung zwischen der religiösen Empfindsamkeit und »der höheren Mittelklasse, der der Parlements«[16], bestand.

Advokaten, Staatsanwälte, selbst Schöppen entdecken in dem Geist von Port-Royal jedoch vor allem die intellektuelle Rechtfertigung ihrer rigorosen Ansichten, eine moralische Begründung für ihren strengen Ernst und ein Vorbild für ihre Vervollkommnung. Nachdem sie äußerlich bereits auf nichts anderes mehr als gravitätische Würde Wert gelegt hatten, verlangte es sie nun, durch Maß und rechte Mitte zu dem Ideal der unpersönlichen, abstrakten Erscheinung zu gelangen. Ihre Verachtung jeder »Übertreibung«, ob nun durch Zugabe oder Zurücknahme, wird zwanghaft.

Monsieur de Saint-Cyran hatte […] eine Maxime, die mir in bezug auf die Moden bemerkenswert schien* [berichtet M. Lancelot in den Memoiren, die er diesem widmet]. *Er meinte, die Bescheidenheit müsse es uns Wert sein, daß wir die Moden erst übernehmen, wenn sie überholt sind. Sie sogleich aufzugreifen sei Eitelkeit und dem Geist des Christentums zuwider. Und weiter, keinem zu gleichen bedeute eine Abseitigkeit, die uns schließlich so weit von den anderen entferne, daß wir gleich Fremdlingen unter den Angehörigen unserer Nation wandeln. Er führte noch aus, daß, da Gott uns Gewöhnung allein an das Notwendige gestatte, man äußerst zurückhaltend mit Dingen sein müsse, die Gepflogenheit und gute Sitte zusätzlich einführen, wie etwa Kragen und Manschetten. Und, so sagte er, falls wir nicht darum*

* Jean Duvergier De Hauranne, Abt von Saint-Cyran, Seelsorger des Nonnenklosters Port-Royal, des Zentrums des französischen Jansenismus (d. Ü.)

herumkommen, sie zu tragen, so habe es zumindest mit größtmöglicher Bescheidenheit zu geschehen.[17]

Verzierung sei bloße »Belustigung« und diene der »Sinnenlust des Auges«. Sie bedeute dämonische Lust und eitlen Zusatz, sie maskiere und entstelle die göttliche Schöpfung. Anderseits, zuviel Nüchternheit und völliger Verzicht an Aufmachung verleihe der äußeren Erscheinung auch wieder etwas Unschickliches, denn damit ziehe sie gleichfalls heftige Neugierde auf sich. Das deckt sich mit den Ansichten der Kalvinisten. Hier wie dort die gleiche Ethik forcierten Mittelmaßes, das haarscharf zwischen dem Zuviel und Zuwenig trennt. Im Idealfall solle die äußere Erscheinung gar nicht oder nur ganz neutral ins Blickfeld treten. So verhehle sie die Gefahren des Reichtums, d. h. nicht eigentlich des Reichtums, sondern der Genüsse, die er verschafft, denn er ist exklusiver, wollüstiger, anmaßender Besitz. Man solle ihn aber deshalb nicht zugunsten völliger Mittellosigkeit fahrenlassen, sondern ihm vielmehr durch den Geist des Evangeliums beikommen. Das schließe jedoch – und hier ist der Jansenismus das ganze Gegenteil des Kalvinismus – jede Aufwertung weltlichen Lebens durch die Erfüllung einer irdischen Aufgabe aus. Da die menschliche Natur, verderbt wie sie sei, gebändigt werden müsse, so sei auch die Aktion, die von ihr ausgeht, zu kanalisieren – nicht auf die Realität des Diesseits zu, sondern weg von ihr, für sie bleibe nur Verachtung und Ablehnung.

Eure Hingabe und religiöse Pflichterfüllung soll nur dieses Leben, das das Leben Gottes ist, kennen [schrieb Monsieur de Saint-Cyran an seine Schwester], *[…] um dieses sterbliche Dasein zu lieben, muß man krank in der Seele und von üblen Leidenschaften besessen sein.*[18]

Es findet sich beim Jansenismus wie beim Kalvinismus das gleiche Beharren auf der menschlichen Minderwertigkeit, das gleiche Verlangen, das irdische Sein auf seine strikten Notwendigkeiten zu begrenzen und auf jede vitale Anziehung zu verzichten. Das mußte in extreme Verhaltensweisen[19] münden, z. B. dazu, höchst bewundernswerte Glasfenster zu zerstören oder, so Mutter Angélique von Port-Royal, anzuordnen, man möge ein Zimmer mit gewendetem Tapetenstoff ausschlagen, damit beschränke man sich auf das Unumgängliche und mindere die Schönheit des Ganzen.

Die Listigkeit der Seele ist bekannt. Die abgetötete Lust gebiert geheime Lüste, und der gedemütigte Stolz sucht sich neue Gründe, man wird stolz auf Scham und Bescheidenheit, aus dem Bewußtsein eines höheren Bewußtseins von der menschlichen Verkommenheit heraus. »Die Größe des Menschen zeigt sich darin groß, daß er sich als elend erkennt«[20], schreibt Pascal.

Das Verdammen von Verschwendung und Betriebsamkeit, das sich gegen die hierarchische und funkelnde Welt des Absolutismus richtet, und diese Verachtung von Schau und Effekt setzen gewissermaßen die protestantische Vorliebe für das Schmucklose fort und bergen im Keim bereits Grundelemente der bürgerlichen Korrektheit und Anständigkeit des 19. Jahrhunderts in sich. Doch bevor sie sich entfalten und die menschliche Natur versteinern, müssen diese Moral und Praxis der äußeren Erscheinung noch mannigfaltige Einflüsse aufnehmen.

Da wäre die berühmte Debatte über den Luxus, die das 18. Jahrhundert stark bewegt. Sie berührt die Probleme, die sich aus dem ökonomischen Wachstum und sozialer Ungleichheit ergeben, und analysiert im Zusammenhang damit die Auswirkungen des Kalvinismus auf das Alltägliche. Sie nimmt entscheidende aufklärerische Inhalte auf und vermittelt sie weiter, indem sie die Verfechter der traditionellen Moral, die durchdrungen sind von einer Askese, wie sie die Kirche schon immer zur Erhaltung der gottgewollten Ordnung forderte,[21] und die immer zahlreicher und lauter werdenden Anhänger einer Öffnung in Richtung auf Erneuerung und Aufschwung aufeinanderprallen läßt. Die Debatte kommt durch den englischen Schriftsteller Bernard de Mandeville und sein damals sehr beachtetes satirisches Gedicht »Die Bienenfabel oder Private Laster, öffentliche Vorteile«, das 1714 erschien, in Gang. Der Autor teilt zwar die Ansicht der Kalvinisten und Jansenisten von der zutiefst verderbten menschlichen Natur, kommt aber zu entgegengesetzten Folgerungen. Anstatt unsere Instinkte und Leidenschaften durch Mäßigung und – letztendlich scheinheilige – Barmherzigkeit zu ersticken, was Initiative und Tatgeist hemmt, möge man ihnen vielmehr freien Lauf lassen und sie voll und ganz befriedigen. Denn Egoismus und Hochmut, Gewinnsucht und Eigenliebe, Hang zum Luxus und zu allen Arten von Genußsucht treiben die ökonomische Entwicklung an. Sie beschleunigen den Umlauf des Geldes, stimulieren Handel und Industrie, fördern das Handwerk, sie stacheln an zu erfinden, zu wetteifern, kurz, sie bringen die ganze Nation in Bewegung auf mehr Reichtum und Wohlergehen zu.

Was zählen schon die Überschreitungen christlicher Moral durch den Einzelnen, wenn diese die Realisierung großer ökonomischer Ziele sowie öffentliches Wirken von sozialem Nutzen bedingen. Der Untertitel der Fabel »Private vices, public benefits« will sagen: Wie sich in einem Punschglas saurer Zitronensaft, süßester Zucker und stärkster Cognac ausgleichen und zusammen ein ausgezeichnetes Getränk ergeben, so mischen sich im sozialen Bereich die Laster, heben sich gegenseitig auf und geraten den verschiedenen Komplexen zum Vorteil, von denen sie ein Teil sind.

Es wird nicht mehr das Heil der eigenen Person angestrebt, das als Gnade gewährt oder über innere Vervollkommnung erreicht wird, sondern das Kollektivinteresse als Ergebnis egoistischer Teilinteressen. Neid, Eifersucht, Eitelkeit und was sonst noch von der Kanzel herab Schmähung fand – sie bringen im Endeffekt die ewig junge Mode hervor, die den Armen Arbeit verschafft und beiträgt, daß Staat und Gesellschaft gedeihen.

Der Drogist, der Seiden- oder Tuchhändler und auch die anderen ehrenwerten Krämersleute sehen sich nicht anders, als sie die reiche Kaufmannsschaft sehen, und sie kleiden sich und leben wie diese. Die Frau des reichen Kaufmanns erträgt diese kecken Handwerksleute nicht und flüchtet sich ans andere Ende der Stadt, wo sie keinen Grund sieht, nicht der Mode zu folgen, die sie hier vorfindet. Der Hof erregt sich ob dieser Anmaßung, die Frauen von Stand sind schockiert, die Weiber und Töchter der Kaufleute gekleidet wie sie selbst zu sehen. Solche Frechheit, schreien sie auf, ist unerträglich. Man läßt die Schneiderinnen kommen, und fortan ist ihr Sinnen und Trachten allein darauf gerichtet, neue Moden zu erfinden, um gleich eine parat zu haben, sobald die dreisten Parvenus darangehen, die gerade herrschende zum Vorbild zu nehmen. Das Wetteifern setzt sich auf allen Stufen dieser gesellschaftlichen Sphäre fort, bis die Ausgaben explodieren. Schließlich bleibt den Günstlingen des Herrschers und den ersten Persönlichkeiten des Staates nur noch, um sich von ihren Untertanen abzuheben, immense Reichtümer für prunkvolle Equipagen, herrliches Mobiliar, prächtige Gärten und fürstliche Schlösser hinzugeben.[22]

Obwohl die Thesen Mandevilles unverhüllt zynisch und unbedingt skandalös waren, obwohl sie den Luxus von materiellem Standpunkt aus rechtfertigten und den Geboten der Religion entgegenliefen, fanden sie doch Anerkennung. Sie mußten in Frankreich noch den allgemeinen Hedonismus verstärken, der mit der wachsenden Produktion materieller Güter und der sich mehr und mehr verlierenden Sorge um das ewige Heil einherging. Nach Melon und Montesquieu[23] war es Voltaire, der, vor allem in seiner Streitschrift »Die Verteidigung des Mondänen« von 1737, wohl am meisten dazu beitrug, die merkantilistische und liberale Anschauung Mandevilles zu verbreiten. Glaubt man den Philosophen, die den Übergang von einer individualistischen und christlichen Moral des Verzichts zu einer auf Aneignung, Glück und öffentliches Wohl ausgerichteten Moral zu befördern halfen, so war ihr Jahrhundert das des Optimismus und des süßen Lebens. Nach der von ihnen vorgenommenen Revision der Lebenswerte trat bald auch der Rest schlechten Gewissens, ob jansenistisch oder puritanisch, das charakteristisch für die traditionelle Bourgeoisie gewesen war, hinter der Bereitschaft zurück, sich allen Annehmlichkeiten der Zivilisation zu öffnen. »[...] das Vergnügen ist das allgemeine Ziel«, schrieb Voltaire, »wer es erreicht, hat das Heil erlangt.«[24]

Gemeint ist natürlich das Vergnügen, das Geld und großes Auftreten verschaffen. Es erfaßt den flatternden Schwarm der Stutzer und koketten Dämchen inmitten ihrer losgelassenen Welt, in der das wetteifernde Nachäffen nicht mehr durch die Person des Herrschers begründet ist und auch nicht mehr von ihm kontrolliert wird, in der es keine Erlasse gegen den bürgerlichen Luxus mehr gibt und in der nackter Reichtum – Grund an sich, um in Glanz und Raffinement aufzutrumpfen –, die Magie des Frivolen sowie der Kult des Ephemeren ablösen, was es an Merkmalen der monarchischen Ordnung gab. Doch für die begüterte Bourgeoisie, zu der die Kauf- und Handelsleute, die Vertreter des Rechts und die Geistesschaffenden gehören, zählt vor allem das Vergnügen eines bequemen Lebens. Auf bezeichnende Weise lebt und denkt man außerhalb der alten, auf der Theologie fußenden Gegenüberstellung von arm und reich. Man verweigert sich der Akzeptanz eines durch Geburt vorbestimmten und von Gott festgelegten Schicksals, um – mit beiden Beinen in dieser Welt – auf diese einzuwirken und durch Anstrengung zu Erfolg zu kommen.[25] Es geht weniger darum, den beschwerlichen und belastenden Pomp ungebrochener Repräsentation zu entfalten, als die materiellen Bedingungen der Existenz zu verbessern, in der optimistischen Hoffnung, mit einer großzügigen Natur rechnen zu dürfen, die man schon zu bändigen, umzuwandeln und sich gewinnbringend anzueignen wissen wird. Luxus sei der Gebrauch, den man von Reichtum und Gewerbe mache, um sich ein angenehmes Dasein zu verschaffen, schreibt Saint-Lambert zu Beginn des Artikels »Luxus«, den er für die Enzyklopädie[26] verfaßte. Dem Prunk des Hofadels, der Finanzwelt und der reich gewordenen Spekulanten stellt man einen Luxus der Behaglichkeit entgegen, wie er der Vorstellung einer, aus der antiken Weisheit entlehnten, *aurea mediocritas* entspricht. Es ist ein um so verführerischerer Luxus, als er das Nützliche mit dem Angenehmen verbindet und damit zu den neuen Reizen eines Daseins in Intimität und Behaglichkeit verleitet, die maßvoll gebrauchter Besitz gestatten. Nicht maßvoll im Sinne der einstigen rigorosen Moral, die ein Recht auf Vermögen nicht einräumte, sondern bezogen auf das kleine, leise Glück, das in der ehrenwerten Befriedigung der Wünsche besteht, nicht Verausgabung noch angespannte Zügelung will und sich in unauffälligem Reichtum und gefälliger Strenge ausdrückt. Schon symbolisieren der gepolsterte Lehnstuhl, der nach dem Tagwerk als wohlverdient genossen wird, und der Hausrock (dessen beruhigenden Anblick und poetische Einmaligkeit Diderot rühmt[27]) diesen zutiefst privaten bürgerlichen Komfort, der dem Körper nach den unerbittlichen Anforderungen seitens der Öffentlichkeit ein zwangloses und ungeniertes Ausruhen verschafft. Es ergibt sich also im Verlauf der zweiten Hälfte des 18. Jahrhunderts eine immer klarere Unterscheidung zwischen gutem und schlechtem Luxus. Der erstere, der sich innerhalb der vier Wände entfaltet, ist diskret und nutzbringend, der andere, nach außen wirkende, prahlerisch und schädlich. Während der eine schöpferisches Tun und ökonomischen Aufschwung begünstigt, ist der andere mit Ausgaben verbunden, die eine Akkumulation des Kapitals unmöglich machen. Doch den Luxus als solchen zu verdammen, steht für die Bourgeoisie, jetzt, da sie seine Genüsse entdeckt, überhaupt nicht zur Debatte. Er ist für sie nicht Folge einer existierenden Ungleichheit, er beweist diese lediglich, und das möglichst nicht zu provokant, sondern dezent, also vorteilhaft. Kurz, dieser Luxus ist das Gegenteil der unverschämten Eitelkeit, des genießerischen Müßiggangs der fürstlichen Großen, die jeder Idee allgemeinen Wohls und rechnerischer Vernunft abhold sind und deren parasitärer Pomp nicht mehr einschüchtert, sondern nur noch Entrüstung hervorruft. Zur Zeit der Revolution dann übertönt die Kritik am Luxus häufig jegliche andere, besonders in den Jakobinerklubs. Sie nimmt ihren Anfang bei Jean-Jacques Rousseau, der aus seinem Ideal naturhafter Einfachheit und ursprünglicher Tugend heraus alles als Übel auffaßt, was über das physisch Notwendige hinausgeht.[28] Werde die materielle Entwicklung weiter vorangetrieben, beginne der Mensch zu vergleichen, Neid, Konkurrenz, List und Lüge entstehen. Ein Zustand der Gleichheit dagegen, in dem nur wahre Bedürfnisse Erfüllung finden, ermögliche Gleichklang und reines Gewissen. Der Geist Rousseaus lebt vor allem in den Reden zu den Vorhaben fort, »ein natürliches Kostüm zum Gebrauch durch den Staatsbürger« einzuführen – eine Rückbesinnung auf puritanische Funktionalität und Neutralität im Dienste einer erneuerten Sittlichkeit, die im uniformen Gewand dem Glück aller dient.

Allerdings, die Französische Revolution, von der Balzac sagen wird, sie sei auch eine Auseinandersetzung zwischen Seide und Tuch gewesen,[29] unterwirft letzten Endes die äußere Erscheinung keiner wirklichen Nivellierung. Lediglich einer allgemeinen Strenge, die etlichem Putz den Garaus macht,[30] wofür sogleich andere Zeichen der Distinktion gesetzt werden, die, wenn auch weniger kunstvoll, als Symptome einer neuerlichen und neuen Ungleichheit, doch von gleicher Wirksamkeit sind. Und diesbezüglich ist das Urteil der Menschen mehr zu fürchten als das Gottes. Macht und Reichtum werden mit Gefühl dafür, wann sie peinlich auffallen, und mit zwingender Bescheidenheit offenbart. Allerdings nicht mehr so betont wie ehedem, mehr mit überhöhter Schlichtheit, durch hervorgehobene Details, Nuancen, Anspielungen – Resultat aus der Verbindung von ökonomischen Zwängen, Streben nach Demokratie und Bemühen um Eleganz, kurz, eines »guten Geschmacks«.

Doch die schmucklose äußere Erscheinung allein, sei sie auch distinguiert, dürfte einer Bourgeoisie, der es an Würde und Symbolen ermangelt, die durch keine Wesenheit legitimiert ist, nicht genügen für ihre ungesicherte Anerkennung. Und man weiß, wie sehr sie seither von adeligem Spuk heimgesucht wird, wie sie insgeheim – hinter dem Anschein von Sparsamkeit, Fleiß und Gerechtigkeit – die Überreste eines Prunks pflegt, den sie selbst zerstörte. In Futterstoffen, Krägelchen, Revers, Farbenglanz und wertvollem Material, wie in den Westen, die man sich unter dem schwarzen Anzug gestattet, darf sich weiterhin einige Phantasie ausleben. Und was sind denn, auf ihre Art, diese gekonnt geschlungenen Krawatten, diese reinweiße Wäsche, diese glänzenden Seidenhüte, diese tadellos auf Taille sitzenden Fräcke, wenn nicht Beeinträchtigungen nutzbringenden Tuns und Merkmale von Verschwendung und Müßiggang? Ob vorgetäuscht oder vertuscht, Überfluß erweist sich als unverzichtbar, und das wird die Vorliebe fürs Nüchterne in der äußeren Erscheinung einzubeziehen haben.

Deutsch von Helgard Rost

1 »Während der klassische Kapitalist den individuellen Konsum als Sünde gegen seine Funktion und ›Enthaltung‹ von der Akkumulation brandmarkt, ist der modernisirte Kapitalist im Stande, die Akkumulation als ›Entsagung‹ seines Genußtriebs aufzufassen. ›Zwei Seelen wohnen, ach! in seiner Brust, die eine will sich von der andren trennen!‹« Karl Marx, *Das Kapital. Kritik der politischen Ökonomie,* 1. Bd., 22. Kapitel: Verwandlung von Mehrwert in Kapital; Dietz Verlag, Berlin 1989, S. 557.

2 Nach Max Weber bedeutet Luxus im Sinne einer Ablehnung von rationeller Steuerung des Konsums für die großen Feudalherren nichts »Überflüssiges«, sondern vielmehr ein Mittel ihrer sozialen Selbstbestätigung. Vgl. Max Weber, *Wirtschaft und Gesellschaft,* Bd. 2, Tübingen 1947, S. 750.

3 »Zu jener erlaubten Art von Bildern gehören Geschichten und Geschehnisse und auch körperliche Bilder und Gestalten ohne Bezug auf alles Geschichtliche. Die ersteren haben zur Belehrung und Ermunterung einen Nutzen. Was die zweite Gruppe außer der Ergötzung noch für Nutzen haben soll, sehe ich nicht.« Johann Calvin, Institutio religionis christianae [1536], Buch I, Kap. XI, § 12. Dt.: *Unterricht in der christlichen Religion*; Neukirchener Verlag, Neukirchen-Vluyn 1988, S. 48.

4 Ebd., Buch II, Kap. III, § 5. Dt.: ebd., S. 168.

5 »Es wird einerseits schlechthin zur Pflicht gemacht, sich für erwählt zu *halten* und jeden Zweifel als Anfechtung des Teufels abzuweisen, da ja mangelnde Selbstgewißheit Folge unzulänglichen Glaubens, also unzulänglicher Wirkung der Gnade sei. [...] Und andererseits wurde, um jene Selbstgewißheit zu *er-*

langen, als hervorragendstes Mittel *rastlose Berufsarbeit* eingeschärft. Sie und sie allein verscheuche den religiösen Zweifel und gebe die Sicherheit des Gnadenstandes.« Max Weber, *Die protestantische Ethik I,* Gütersloher Verlagshaus Gerd Mohn, [6]1981, S. 128 f.

6 Johann Calvin, a. a. O., Buch III, Kap. XIX, § 9. Dt.: a. a. O., S. 558.

7 »Wenn wir nun also bedenken, zu welchem Zweck er die Nahrungsmittel geschaffen hat, so werden wir finden, daß er damit nicht bloß für unsere Notdurft sorgen wollte, sondern auch für unser Ergötzen und unsere Freude. So halte er bei unseren Kleidern außer der Notdurft auch anmutiges Aussehen und Anständigkeit als Zweck im Auge.« Ebd., Buch III, Kap. X, § 2. Dt.: ebd., S. 467 f.

8 »Denn es ist da fast keiner unter denen, denen ihr Vermögen größere Ausgaben gestattet, der nicht an üppigem Glanz sein Vergnügen hätte, wie er sich im Aufwand an Speisen oder im Schmuck des Leibes oder beim Bau von Häusern zeigt, der nicht durch allerlei Prunk unter den anderen Menschen hervorragen wollte und der sich nicht selber gewaltig in seinem Glanz gefiele!« Ebd., Buch III, Kap. XIX, § 9. Dt.: ebd., S. 557.

9 Ebd., Buch III, Kap. X, § 3. Dt.: ebd., S. 468.

10 »Wir kommen heutzutage sehr vielen Leuten albern vor, wenn wir darum streiten, daß uns der Fleischgenuß freisteht, daß wir gegenüber Feiertagen und Kleidern und anderen, wie unsere Gegner meinen, ›bedeutungslosen Possen‹ frei sind. Aber die Sache hat mehr Belang, als man gemeinhin glaubt. Denn sobald sich unser Gewissen einmal in diese Fesseln verstrickt hat, kommt es in ein langes und auswegsloses Labyrinth hinein, aus dem sich nachher so leicht kein Ausgang mehr finden läßt. Wenn einer schon einmal zu zweifeln angefangen hat, ob er zu Tüchern, Hemden, Schnupftüchern und Tischtüchern Leinen brauchen darf, so wird er nachher schon nicht mehr sicher sein, ob ihm Hanf verstattet ist, und schließlich wird ihn selbst noch bei Werg der Zweifel überfallen! Er wird sich nämlich mit dem Gedanken herumschlagen, ob er nicht auch ohne Tischtuch speisen oder ohne Schnupftuch bestehen könnte! […] Kurz, er wird schließlich dahin kommen, daß er es für Sünde hält, über einen quer im Wege liegenden Grashalm zu gehen – wie man so sagt. Der Streit, der hier anhebt, ist nicht leicht; aber es geht eben darum, ob es Gottes Wille ist, dies oder das zu brauchen – und Gottes

Wille soll doch allen unseren Ratschlägen und Taten vorangehen!« Ebd., Buch III, Kap. XIX, § 7. Dt.: ebd., S. 556.

11 Zu Calvins Verurteilung der Mode siehe seine »Predigt über den Brief an die Korinther«, in: *Corpus reformatorum*, Vol. XLIX, Schwetschke et Filium, Brunsvidae 1869–1900.

12 Zu den Wurzeln des praktischen Lebensideals des Puritanismus, der Selbstkontrolle, und seiner Aufgabe, jede »Unbefangenheit des triebhaften Lebensgenusses« zu vernichten, siehe: Max Weber, *Die protestantische Ethik I*, a. a. O., S. 134 ff.

13 Und ohne Berechtigung. Die Gesetze, die die Ausgaben regeln, haben nicht nur die Funktion, die Ausfuhr von Geldern zu verhindern, sie sollen, zusammen mit den Regeln der Etikette, solchen sozial zersetzenden Nachahmungen entgegenwirken, wie sie symptomatisch für eine immer wandlungsfreudigere Gesellschaft sind, sie sollen das Privileg großen Luxus' bewahren helfen sowie Prunk und Erscheinungsbild des Adels schützen. Sie weisen bzw. verweisen einen jeden auf seinen Rang, indem sie über die Ordnung der Zeichen wachen, die die Zeichen eines jeden Standes sind. In der Realität werden diese Gesetze beständig überschritten oder umgangen.

14 Zu dieser Begrenzung des sozialen Einflußbereiches des Jansenismus (fast alle großen Persönlichkeiten aus seinen Reihen kamen aus dem Großbürgertum, zumeist aus dem Amtsadel) und zu der politischen Bedeutung seiner verschiedenen Strömungen siehe H. Lefebvre, *Pascal*, 2 Bde., Nagel, Paris 1949 bis 1954.

15 Charles Augustin Sainte-Beuve, *Port-Royal*, Bd. I, Hachette, Paris 1912, S. 15.

16 Ebd., S. 16.

17 M. Lancelot, *Mémoires touchant la vie de Monsieur de St Cyran, Pour servir d'éclaircissement à l'histoire de Port-Royal*, Bd. II, Köln 1738, S. 212.

18 Unveröffentlicht, Port-Royal, ms. 18 (zit. in: J. Orcibal, *St-Cyran et le Jansénisme*, Èd. du Seuil, Paris 1961, S. 138).

19 Siehe L. Réau, *Histoire du vandalisme. Les monuments détruits de l'Art français*, Bd. I, Hachette, Paris 1959, S. 113.

20 Blaise Pascal, Pensées. Dt.: *Gedanken*, Reclam Verlag Leipzig, 1992, S. 60.

21 Siehe dazu: Bernhard Groethuysen, *Die Entstehung der bürgerlichen Welt- und Lebensanschauung*, Bd. II. Die Soziallehren der katholischen Kirche und das Bürgertum, V. Die Kirche und

die sozialen Umwälzungen, Suhrkamp Verlag, Frankfurt am Main 1978, S. 112 ff.

22 Prosakommentar in: Bernhard de Mandeville, *La fable des abeilles ou les vices privés font le bien public*, J. Vrin, Paris 1974, S. 104 f.

23 Melon in seinem »Essai politique sur le commerce« (Paris 1734) übernimmt von Mandeville fast alle Gedanken über den Luxus. Montesquieu zitiert Mandeville vor allem in seinem Werk »Esprit des lois« (Buch VII, Kap. I, und Buch XIX, Kap. VIII). Voltaire erwähnt Mandeville nicht namentlich.

24 Brief Voltaires an Berger, 10. Oktober 1736, in: *Les Œuvres complètes de Voltaire*, Teil IV, Bd. 88, Institut et Musée Voltaire, Genf 1969, S. 78.

25 Siehe dazu: Bernhard Groethuysen, *Die Entstehung der bürgerlichen Welt- und Lebensanschauung*, Bd. I. Das Bürgertum und die katholische Weltanschauung, IV. Die neue Welt, a. a. O., S. 226 ff.

26 *Artikel aus der von Diderot und d'Alembert herausgegebenen Enzyklopädie*, hrsg. von Manfred Naumann, Philipp Reclam jun., Leipzig 1984, S. 587.

27 Denis Diderot, »Klage um meinen alten Schlafrock oder Warnung an alle, die mehr Geschmack haben als Geld«, in: Ders., *Das erzählerische Werk*, Bd. 4, Rütten & Loening, Berlin 1978/79, S. 99–107.

28 Jean-Jacques Rousseau, »Letzte Antwort« [an Charles Bordes], in: *Œuvres Complètes*, Bd. III, Gallimard, »Bibl. de la Pléiade«, Paris 1964, S. 95.

29 Honoré Balzac, »Traité de la vie élégante«, in: *Œuvres Complètes*, Bd. XII, Gallimard, »Bibl. de la Pléiade«, Paris 1981, S. 226.

30 Zu einer der Ursachen dafür siehe Max Weber, *Die protestantische Ethik I*, a. a. O., S. 177. (»Jene mächtige Tendenz zur Uniformierung des Lebensstils, welcher heute das kapitalistische Interesse an der ›standardization‹ der Produktion zur Seite steht, hatte in der Ablehnung der ›Kreaturvergötterung‹ ihre ideelle Grundlage.«)

VÉRONIQUE NAHOUM-GRAPPE

Die Sucht zu glänzen

Ausschnitt aus einem Tableau vom Paris des 18. Jahrhunderts

Die Haube

Die Putzsucht der Vermögenden hat unzähligen Arbeiterinnen Verdienst gebracht; ärgerlich ist dabei nur, daß die Kleinbürgerin glaubt, was sich die Marquise und die Herzogin leisten können, sei auch gut genug für sie. Um ihre Laune zu befriedigen, muß der arme Gatte Blut und Wasser schwitzen. Nie kommt sie vom Spaziergang ohne eine neue Grille; die Frau des Notars hat dies und jenes angehabt, also wird am nächsten Tag das Diner in der Stadt ausfallen müssen, es sei denn, sie beschaffe sich bis dahin dasselbe neue Häubchen. Sie besteht darauf, selbst wenn es auf Kosten der Kinder gehe, denn wahrlich, sobald ihr Äußeres auf dem Spiel steht, wird unseren Frauen schwindlig.[1]

Die Porträts, die Louis Sébastien Mercier[2] in seiner Sittengeschichte »Tableau de Paris« von 1781/90 entwirft, passen sich in eine zumeist genau gefügte soziale Stufenleiter ein. Auf ihr existiert zwischen der Arbeiterin und der Kleinbürgerin eine besondere »Klasse von höchst achtbaren Frauen«:

... sie, aus der zweiten Reihe der Bourgeoisie, sind ihren Gatten und ihren Kindern treu ergeben, sie sind umsichtig, sparsam, auf ihr Heim bedacht, sie sind ein Urbild an Ehrbarkeit und Fleiß. Doch diese Frauen haben keinerlei Vermögen, versuchen nur, ein wenig davon anzuhäufen, sie glänzen kaum und sind erst recht nicht gebildet, man bemerkt sie nicht, und doch sind sie in Paris die Zierde ihres Geschlechts.[3]

Mercier definiert die eine wie die andere Seinsweise

und soziale Kategorie von ausgeprägt ethischem Standpunkt aus. Dieser teilt sich über ein Angebot anschaulicher Bilder mit. Sie präsentieren sich vor unseren Augen und sprechen für sich. Da ist die Frau des Bourgeois, die Hetäre, die Bäuerin usw. Diese Bilder, auf die wir blicken wie auf ein ästhetisches[4] Schauspiel und die wir als zugleich soziale und moralische Metapher ansehen, machen das bevorzugte Objekt der identifikationssüchtigen Beobachtung des Autors aus.

Nicht zu glänzen, nicht wahrgenommen werden zu wollen, signalisiert eine soziale Entscheidung, genauer gesagt, die Entscheidung für einen Typus sozialer Selbstdarstellung, nämlich die unauffällige. Fehlt es an gewissen strahlenden Erkennungszeichen in der ästhetischen Repräsentation, so ist dies ein Akt des Sichzurücknehmens und gleichzeitig die Willenskundgebung, nicht in Erscheinung zu treten. Diese Absicht ist hier Ausdruck einer weiblichen Existenz, die Mercier des weiteren nicht beschreibt. Die Ästhetik des Verschwindens, die der Autor mit Respekt vermerkt, verrät die sittliche Achtung vor wahren Werten wie Sparsamkeit, Umsicht, Arbeitseifer, Opferbereitschaft. Beim Respekt beläßt es Mercier. Sein Blick macht sich anderswo fest, da, wo es glänzt, oder genauer, da, wo glänzen eine Minimalstrategie enthüllt, wo das Terrain erobert wird, indem die visuellen Potenzen auf einen einzigen Punkt ausgerichtet und hingezogen werden: auf einen selbst. Die Lichter und Feuer, welche Schmuck, Schminke, knallige Farben entzünden, sind die nichtverbale Taktik dieser Strategie – aufs Korn genommen vom durchdringenden Auge des Autors.

Sein Blick ist schon ein soziologischer. Er will die moralische Physiognomie der großen Hauptstadt einfangen und dabei frei sein von jedem Vorurteil gegenüber seinem Gegenstand, dem sozialen Korpus von Paris, den er demokratisch neben jede andere Form sozialer Aktivität und auf gleiche Ebene wie diese rückt.

... ich wollte sichten, nicht richten. Das, was ich dabei an Erkenntnissen zu erlangen vermochte, läuft darauf hinaus, daß der Mensch ein der mannigfaltigsten und verblüffendsten Wandlungen fähiges Tier ist und dessen Natur reich genug, ihm sowohl das Leben in Paris wie das Nomadendasein der Wilden in Afrika und Amerika zu gestatten; ferner, daß sich Zweihundert-Meilen-Jagden und Arien der komischen Oper keineswegs gegenseitig ausschließen und daß nicht einmal ein echter Widerspruch besteht zwischen dem, was den Menschen der untersten, und dem, was ihn auf seiner höchsten Entwicklungsstufe ausmacht, da er sowohl da wie dort seine Intelligenz und seine Neigungen dafür einsetzt, seinen Machtbereich zu erweitern. Erst der Ort, der Umstand, die Zeit prägen also das Individuum; daher die unendliche Vielfalt seiner Erscheinungsformen. Wir brauchen uns somit über den ausgesuchten Luxus in den Palästen unserer Crassusse nicht stärker zu verwundern als über die roten und blauen Striemen, welche sich die Wilden auf ihre Glieder tätowieren.[5]

Ein Blick, der seinem Objekt Gerechtigkeit angedeihen läßt, indem er ihm seinen Stellenwert zuerkennt. Der Terminus »Tableau« führt hier unweigerlich weg von naturalistischer Abbildung und hin zur versinnbildlichenden Lektion, die das gekonnt gemachte Bild einschließt: »Dem Sittlichen bin ich hingegeben, um das andere wahrzuhaben, bedarf es nur Augen.« Der moralische bzw. soziale Korpus, wie er sich auf der Straße, in den Kirchen, Läden, Salons zeigt, ist Gegenstand dieser »wahren« Malerei. (Noch gibt es, im 18. Jahrhundert, keine Soziologie, die einen abstrakten sozialen Korpus mit komplexer Wirkungsweise herauskristallisiert und legitimiert.[6]) Die »Gesellschaften«, die »Welt«, das »Volk« sind bis dahin einfach die Summe ästhetischer Verkörperungen, die auf der Bühne des Sozialen umlaufen.

Die rote und blaue Gesichtsbemalung bezeichnet eine Differenz hinreichend genug für einen Blick, der auf Abbildung aus ist. Der Luxus – den man vielleicht über die Gesamtheit dessen, was glänzt, definieren darf – ist mit seinem Funkeln vorrangig auf visuelle Aufnahme aus. Folglich ist er das »einfache und natürliche« Äquivalent für die Gesichtsbemalung. Beides gibt zur Genüge eine bestimmte soziale Form an. Der Luxus schafft in der Physiognomie der Stadt gleich starke Kontraste wie die Tätowierung auf einem Gesicht, die deren Ausdruck ist, so Mercier.

Der Text bietet folglich eine Chance für den Historiker, der sich mit äußerer Erscheinung befaßt, da die ästhetische Dimension seines Gegenstandes hier zur Identifikation beiträgt. (Später werden wissenschaftliche Soziologie und Tiefenpsychologie diesen Typus der Darstellung vom Ernstzunehmenden auf den fernen Gipfel der Überstrukturen verweisen.[7])

Der epistemologische Status, der der ästhetischen Dimension des Objekts zugesprochen wird, vermittelt uns den »Ausdruck« des sozialen Korpus. Es vollzieht sich eine Fortentwicklung vom Abbild hin zur Aussageübermittlung, deren sich der Autor nicht bewußt ist. Er glaubt sich immer dem »Wahren« und folglich Richtigen verhaftet. Ein zu spektakulärer »Ausdruck« ist ihm schon verdächtig. Ein zu sehr »illuminierter« Anstrich, ein zu glänzender Luxus sind bereits Zeichen einer beunruhigend auf Effekt ausgerichteten Strategie. Auf ihre Art und nach Maßgabe ihrer Mittel hat die oben angeführte »Kleinbürgerin« teil an dieser hier »ärgerlichen« Strategie. Sie ergreift die Initiative und ersteht lieber die Haube als die Hammelkeule. Ihr Gatte schwitzt Blut und Wasser, und die Kinder entbehren das ihnen Zustehende.

Selbst die Wortwahl dieser Stelle ist bezeichnend: »... die Kleinbürgerin glaubt, was sich die Marquise und die Herzogin leisten können, sei auch gut genug für sie.« Das besagt, ein geschautes Modell kopieren zu wollen – ein soziales Image, das sich dem Blick mit allen seinen ästhetischen Signalen wie Toilette, Schminke, Haltung, Gestik usw. darbietet. Imitieren bedeutet eine Taktik, deren technische Realisierung gestattet, sich auf magische Weise eines höheren sozialen Status zu bemächtigen, gerade so lange, wie die öffentlich demonstrierte Angleichung dauert. Doch niemand fällt auf eine Imitation herein, deren utopische Perfektion für eine Frau von kleinbürgerlichem Stand in jeder Hinsicht schwierig zu bewerkstelligen sein dürfte. So nimmt diese denn das Mögliche als Maß und kämpft nur mehr für eine Haube. Vom ersehnten totalen Image einer Marquise zur Kopfbedeckung der Notarsgattin – der Wunsch nachzuahmen hat seinen Gegenstand gefunden und sein Ausmaß verloren.

(Die Schreibweise Merciers, eine schnelle Sinnproduktion in zufälliger Aneinanderreihung, erlaubt solche Verschiebungen. Dieser Autor sorgt sich nicht darum, ob das Gefüge seiner Beschreibungen überzeugt. Hätte er am anderen Tag den gleichen Text geschrieben? Angesichts der Masse seiner Schriften, die sich, ausgenommen seine Theaterstücke, tatsächlich immer in Form zusammenhangloser Sequenzen darbietet,[8] darf man mutmaßen, daß er schrieb, wie er sprach, brillant, aber ohne sich zu korrigieren. Unsere Lektüre ist folglich eine Art riskantes »Einverständnis« mit dieser Redeweise und genausowenig zusammenhängend, wie im Falle einer Konversation, wenn das Vergnügen am Sinn über die Verweigerung der Ordnung funktioniert, die ihn hervorbringt.)

Eine Herzogin imitieren zu wollen und dann nach einer Haube zu verlangen, wie sie die Frau des Notars trägt, sind zwei Regungen verschiedener Reichweite. Ihre Ungleichheit macht die Kleinbürgerinnen schwindeln. Es ist der Schwindel vor der Kluft zwischen der Niederlage (nicht wirklich die Zeichen der Opulenz kopieren zu können) und der Rettung aus der Niederlage durch die Haube. Die Kleinbürgerin, die sich zwar hinter die Notarsgattin, aber noch vor die zweite Reihe innerhalb des Bürgertums placiert, ist fast eine allegorische Gestalt. Sie weist sich durch diesen unerfüllten Anspruch aus, der zu hoch hinaus zielt und dann auf eine Haube zurückfällt. Das Verlangen nach der Haube brennt um so heftiger, je schwindelerregender die Enttäuschung ist. Es dreht ihr den Kopf angesichts steil nach unten verlaufender Rangstufen; es gibt nur noch die Haube, um sich festzuhalten. Sowenig diese auch aufragt, sie erhebt sich parallel zur gesellschaftlichen Stufenleiter, die freilich geht weit über sie hinaus. Die Haube gibt zuallererst den erträumten Stellenwert in der Hierarchie an, etwa den einer Notarsfrau, aber sie bietet auch der Tatsache dieser Hierarchie ein ganz klein bißchen Trotz.

Nach der Promenade, zu Hause, bricht der Streit um den Putz los. Die Forderung danach kommt gebieterisch und schreckt auch nicht vor der Erpressung zurück: »... also wird am nächsten Tag das Diner in der Stadt ausfallen müssen, es sei denn, sie beschaffe sich bis dahin das gleiche neue Häubchen.« Der Preis dafür ist der einer Hammelkeule, und der Gatte schwitzt Blut und Wasser in Anbetracht einer solchen Ausgabe.

Wir erleben bei Mercier, wie sich die Version einer bürgerlichen Frau alten Stereotyps wieder herausbildet, die des eitlen und verschwendungssüchtigen Weibes. Die Laune geht ins Geld, sie ist typisch weiblich und hat die Ästhetik der äußeren Erscheinung zum Ziel, das heißt das Bild der eigenen Person als Spektakel während der Promenade: die Haube wird zur Schau getragen.

Alle Welt zieht es aus der Stadt hinaus; es gilt, die herrlichste Kutsche, die feurigsten Pferde, die prächtigste Dienerschaft zu zeigen. Die mit Steinen überhäuften Frauen stellen sich zur Schau, denn die Existenz einer Frau in Paris besteht vor allem darin, gesehen zu werden.[9]

Auf der bevorzugten Allee, durch die die Menge wogt, gerät man sich gegenseitig in den Weg, man streift und stößt sich, und die Massen sind nicht weniger bewegt als im Theater (...). Man bemerkt auf allen diesen Promenaden, daß den Frauen sehr daran liegt, zu sehen und gesehen zu werden.[10]

Alle Welt – und nicht nur die »große«, auch der Arbeiter geht aus, so vermerkt Mercier, und schaut sich die hübschen Frauen an, doch er bleibt erkenntlich an seinen schwarzen schwieligen Händen – alle Welt gibt sich im Prunk ihrer Aufmachung dem Schauspiel ihrer selbst hin. Ob zu Fuß oder im Wagen, all die Stände auf dem Tableau von Paris, die sich da auf der Promenade hin und her bewegen, ergeben ein Bild der Kontraste, Ergebnis der mehr oder weniger glänzenden ästhetischen Ensembles aus Equipagen und Aufmachung.

Blicke einer Frau auf die Haube einer anderen, männliche Blicke auf die Schönheiten. Mercier schreibt, er habe mehrmals seinen Rundgang durch die Alleen gemacht, nur um die Schönheiten dort zu schauen. Letzter nachdrücklicher Blick einer solchen, die sich gesehen sieht. Auf diesen Promenaden und an allen anderen Orten, wo das soziale Sehen der bevorzugte Träger der Kommunikation ist, also in den Salons, in den Vorzimmern der Minister, auf den Bällen, überall dort tritt eine zweifache soziale Funktion der ästhetischen Strategien in Aktion.[11]

Zum einen macht man kraft eines spezifischen Urteils die Stars auf dieser Art Szene aus, also die Schönen beiderlei Geschlechts, die unbarmherzig durchs

Lorgnon beäugt werden. Besonders die Frauen sind das Objekt dieser Blicke:

Paris ist voller unbarmherziger Betrachter, die sich mit dem Lorgnon vor einem aufpflanzen und einen unbeweglichen Blicks anstarren. (...) Die Frauen nehmen daran keinen Anstoß, solange dies im Theater oder auf der Promenade geschieht.[12]

Der kontrollierende Blick durch das Lorgnon auf der Promenade zeigt an, daß man Erfolg hat, ist er doch das Ziel der Strategien des In-Erscheinung-Tretens und der angewendeten Taktiken des Glänzenwollens. Das Feuer der Schmuckstücke und der Farben, der helle Klang des Lachens und der Stimmen, die vielfachen Blitze aus Augenpaaren – alles ist Blickfang. Nach diesem ersten optischen Eindruck und ästhetischem Urteil bildet sich ein zweiter Typus sozialer Kommunikation heraus: sehen – gesehen werden – sehen, daß man gesehen wird, das macht allen und jedem klar, welchen Stellenwert man im Komplex der sozialen Bindungen innehat. Die ökonomischen und sozialen Positionen werden damit aktualisiert und in diesem nichtverbalen Schauspiel quasi ins Licht gerückt. Die ästhetische Evidenz eines jeden wird immer wieder neu getaxt im Verlauf dieser Promenaden, wenn die Stände aufeinandertreffen und sich mischen. Etwa die des Arbeiters, dessen Hände in den Taschen bleiben, solange er durchs Lorgnon betrachtet wird. Tatsächlich, in diesem Moment wäre er nur an seinen Händen erkennbar. Die Pariser treten das Pflaster vom Pont-Neuf bis zum Palais-Royal, um zu sehen. Sich setzen und vorüberziehen sehen, selbst vorüberschlendern – so viele nichtige und doch aussagebeladene Verhaltenssequenzen.

Auch die mehr geschlossene Welt der Salons eilt, um sich zu zeigen:

Sechzigmal öffnet sich die Salontür, sechzigmal schließt sie sich wieder. Namen treten ein, Roben und Gewänder mustern sich; man hält fein säuberlich den Mund und macht sich davon, steigt in seinen Wagen und begibt sich schnell zum nächsten Ort, jedoch nur, um dort abermals Leuten zu begegnen, die einem nicht minder gleichgültig sind ...[13]

Mercier will uns die Eitelkeit malen, und er überliefert uns ein Ritual. Wie sich die Frauen von Kopf bis Fuß mustern! Streng prüfen sie sich im Verlauf der Besuche, bei denen das Sehen wichtiger ist als die soziale Kommunikation und diese nachdrücklich mit in die Indifferenz gegenüber dem anderen einschließt.

Alles kann sich unter gewissen Umständen beim ersten Blick abspielen, so während der Audienzen des Ministers. Der Blick eines Mannes von Stellung ist jedoch ein unsicheres Unterpfand für Erfolg. Der Blick verspricht nichts; aber nicht gesehen zu werden, übersehen zu werden, ist ein sicheres Zeichen für Mißerfolg.

Die Bittsteller außerhalb des Kreises stehen auf den Fußspitzen, um bemerkt zu werden; so mancher ganz vergeblich, man wird ihn nie wahrhaben, niemals wird das Auge an ihm hängenbleiben ...[14]

Bevor Worte gewechselt werden, sondern schon die Blicke aus. Eine gewährte oder verweigerte Gunst ist hierbei ökonomisch und sozial schwerwiegend: folglich bedeutet im 18. Jahrhundert, gesehen zu werden und sich zu zeigen, eine intensive, mehr als heute folgenschwere Zeitspanne. Die neue, zusätzliche Haube – die Frau aus der zweiten Reihe des Bürgertums bessert ihre alte aus, die altmodisch, aber noch in Ordnung ist –, auch sie wird von den unbarmherzigen Blicken des sozialen Sehens vernichtet. Ihre Notwendigkeit bekommt nur Sinn in Abhängigkeit von der sozialen Intensität der allein über Blickwechsel vollzogenen Kommunikation, wenn die sogenannte Gesellschaft sich zusammenfindet und die jeweiligen präsenten Ästhetiken aufeinanderstoßen. Ein Schmuckstück, eine

Haube, eine Farbnuance, eine Mode, die neu sind und konstatiert werden – das kommt einer stillschweigenden Machtübernahme gleich, bedeutet Besetzung des visuellen Zentrums im Bereich des Sozialen die Zeitspanne über, da das Lorgnon vor dem Auge bleibt, für diesen kurzen Moment des Geblendetseins oder des darauffolgenden faszinierten Blicks, der am Objekt scheinbar klebenbleibt. Der Triumph der ästhetischen Neuheit bringt keinen objektivierbaren Vorteil mit sich. Den Begriff »symbolisch« für ihn zu gebrauchen scheint mir aber hier die Spezifik und auch die heftige Wirkung des ästhetischen Ereignisses zu verdecken. Die nicht offensichtliche Aggressivität bei der ästhetischen Selektion und im Kampf der Erscheinungen innerhalb des Spektakels der Selbstdarstellungen macht aus diesen Orten der Entspannung, des Spiels, der Höflichkeit und der Ritterlichkeit ein Terrain besonderer Auseinandersetzung, wobei die Frauen vor allem, aber auch die Männer in einen Krieg aller gegen alle verwickelt werden. Die modische Neuheit, die neue Haube ist also etwas Besseres als die Hammelkeule, weil sie – nicht das Überleben – die Machtübernahme in einem gegebenen sozialen Bereich erlaubt, wobei die Macht absolut virtuell ist, nur für die Zeit des explodierenden Sieges gilt, es ist eine gänzlich nichtige Macht in bezug auf ihren Inhalt oder gar Sinn. Der Geschichte der Moden und der Erscheinung kommt es zu, diesen besonderen Moment einzukreisen, der ihr Objekt begründet: den Kampf der Erscheinungen und die ästhetische Machtergreifung. Der Urteilsspruch über das Kleinbürgertum dann, das auf seine Art an der Front der gegeneinander streitenden Erscheinungen – auf der Promenade also – kämpft, verleiht diesem gewissermaßen die Würde einer Kampfmacht.

Doch Mercier liest die ästhetische Inflation als ein Zeichen ästhetischer Hohlheit: der Kopf drehe den

Frauen. Heiraten bedeute folglich ein Risiko, und der hier behandelte Kampf der ästhetischen Erscheinungen stelle für den künftigen Ehemann eine Bedrohung dar.

Wie ernüchternd ist doch das Erwachen des verliebten Bürgersgatten schon am Tage nach der Hochzeit oder allerhöchstens eine Woche später! Aus welchen Höhen stürzen da manch eines ehrbaren Handwerkers Hoffnungen hernieder! Er bildet sich ein, eine sparsame, ordentliche, pflichtbewußte Frau geehelicht zu haben, und nun entpuppt sie sich als vergnügungssüchtig, hält es kaum zu Hause aus, ist verschwenderisch und außerdem auch faul. Statt nützlichen Dingen nachzugehen, überläßt sie sich allerhand verrückten, flatterhaften Launen, die ihr in ihrer Kindheit anerzogen sind. Weit davon entfernt, ihrem Hause durch biedere Arbeit Frieden und Behaglichkeit zu schenken, gibt sie sich mit Leidenschaft der Hoffart hin.[15]

In Erscheinung treten um jeden Preis

Der rasende Eifer, sich zu schmücken, bemächtigt sich der jungen Frau kurze Zeit nach der Heirat. Faulheit, Flatterhaftigkeit, Leichtsinn, Wahn gehen damit einher. Es entsteht mithin eine Verkörperung des Weiblichen, die sich ausweist durch intellektuelle Leere (Flatterhaftigkeit), moralische Leere (Leichtsinn als euphemistische Umschreibung für Hohlheit) und durch Gleichgültigkeit gegenüber der Rangfolge der Aktivitäten (Faulheit). Zu dieser Bedeutungslosigkeit kommt eine beunruhigende Mobilität, die sich geistig in »Wahn« und ästhetisch in dieser Gier nach Aufmachung äußert. Diese und die Eitelkeit, der Spiegel und das Schmuckstück, fungieren als Ursache für den Ruin des Handwerker-Hausstands.

Handelt es sich hier um eine bezeichnende Stereotype in bezug auf die sozialen Abbilder der Pariser Gesellschaft, die Mercier malen will? Geht es um ein gewandeltes Selbstverständnis der Frauen aus den mittleren Klassen im Paris der zweiten Hälfte des 18. Jahrhunderts, wofür der Wille, in Erscheinung zu treten, ein Indiz wäre? Bewiesen scheint heute jedenfalls, daß das Lebensniveau in Paris, wenn auch unterschiedlich, seit 1720 relativ gestiegen war, also seit dem Zeitpunkt der letzten allgemeinen Gesetze in bezug auf die äußere Erscheinung, die strenge, aber ziemlich erfolglose Reglements darstellen. Die ökonomischen und händlerischen Aktivitäten, die von den Berufssparten im Bereich der Mode und von der Gesamtheit der ästhetischen Technologien des Körpers und des Gesichts ausgehen, erleben jetzt einen Aufschwung. Es entstehen ein Markt und eine gesellschaftliche Nachfrage nach den Objekten, die zum sozialen Status gehören. Von einem Teil der öffentlichen Meinung werden sie allerdings als skandalös oder dekadent empfunden – eine Auswirkung der Lektüre von Jean-Jacques (man erinnere sich der großen Bewunderung, die Mercier für Rousseau hegte).

Aber die oben dargelegte Stereotype setzt auch eine ältere Kultur fort, die in einem Sinnbild Schönheit und Tod vereinte. In diesem Bildtypus vermengen sich mehrere unterschiedliche Deutungen und heben mitunter in ihrer banalen Evidenz die beiden Bezugspole zum Realen auf: den ökonomischen als Voraussetzung für eine weite mimetische Verbreitung der kulturellen Modelle und den kulturellen Bezugspol, oder besser, seine Grundlagen in einem Imaginären, das ihn über große Assoziationen und folglich große Entgegensetzungen bestimmt, so eben Schönheit – Frau – Tod.[16]

In welchem Rhythmus bilden sich diese paradigmatischen Festschreibungen heraus? Im Grunde stellt sich das gleiche Problem mit einer anderen Stereotype besonderer Maßlosigkeit mit ebenfalls zerstörerischer Wirkung auf den Hausstand: der des trinkenden Ehemanns, eine Stereotype, die im wesentlichen einige Jahrzehnte nach Mercier Gestalt gewinnt. Aber Gewalt und Männlichkeit – scharlachrote Mächte – charakterisieren in der Gestalt des Trunkenbolds die unterste soziale Schicht. Und sie gründen ihre Allianz auf einem Getränk, einem Geschlecht, einem Verhalten, einer Farbe – innerhalb einer Kultur, die weit über das 19. Jahrhundert hinausgeht. Die Figur der ruinösen Frau, die das Vermögen ihres Gatten durch ihre Gefallsucht aufbraucht, die Szenen macht, nicht arbeitet, ausgeht – denn die Heirat hat sie nicht zur Raison gebracht –, ist Teil eines Phantasiegebildes. Ihre Farbe, das Gold, ist die ihres Schmucks und oft ihres Haars, die des Feuers, in dem das Geld ihres Hausstands zerschmilzt, die des Glanzes, wenn sie geschmückt auf den Ball geht – sie ist das strahlende Zeichen für Gefahr.

Sie hat gesagt, daß …

Inwieweit hat dieses überfrachtete Sinnbild historische Gültigkeit? Es existiert ein irritierendes Archivdokument[17], das hierauf zwar nicht antwortet, aber diese bedrohliche weibliche Darstellung widerspiegelt. Es handelt sich um eine Niederschrift aus der Zeit vom März 1774 bis Januar 1775, aus der Feder eines Ehemannes, der zweifelsohne Klage vor Gericht führt. Der Historiker, der diesen Text liest, macht dabei eine verwirrende Erfahrung, findet er doch in einer längst vergangenen Aussage das Sinnbild in Aktion. Der Verfasser handelt mit Artikeln der Mode, von der Mercier sagt, sie sei die geehrte und geadelte Kunst des Jahrhunderts. Sie näht, was er verkauft. Eine Werkstatt eng wie eine Kammer, in der man Heimarbeit betreibt. Der Mann hat mit den Bestellungen und Lieferungen zu tun, von denen manche bis nach Holland gehen. Die Frau macht die eigentliche Arbeit, manchmal sogar sonnabends und sonntags, um die Termine einzuhalten.[18]

Mit gedrängter Schrift und in unsicherer Orthographie steht in dem Textstück geschrieben:

Nach der Suppe ist sie in die Werkstatt zurück, um am Fenster zu arbeiten. (...) Halb eins verließ sie in sehr schlechter Laune das Haus und kehrte ein Uhr zurück. Sie war zur Messe mit der kleinen Predigt gegangen, die schon fast beendet war, und hat sich dann äußerst übellaunig wieder an die Arbeit gemacht. Dabei sagte sie zu mir, dafür bin ich nicht geschaffen.[19]

Mit dem mehrmaligen »sie« ist eine Ehefrau gemeint, die von einem Besuch bei ihrem Vater völlig verändert zurückkam. Vorher war der Mann immer an ihrer Seite gewesen, weil sie es so haben wollte. Eine glückliche Zeit ehelicher Harmonie, die nicht unwichtig war für das Gedeihen des Handwerks. Aber seit der Reise folgt Szene auf Szene. Sie stampft mit dem Fuß auf, daß er befürchtet, die Scheiben zerspringen. Der Teufel ist los im Haus – der Ausdruck fällt, als die Zankerei losgeht. Die Beweise gegen die Frau werden eingeleitet mit: »sie sagt, daß ...

sie nicht mehr arbeiten würde, daß sie nicht um zu arbeiten auf die Welt gekommen ist, daß der Mann die Frau ernähren muß, daß sie beim Vater gesehen hat, daß so manche Frau nicht arbeitet und daß die Männer Anstellung hätten und daß ...«

Was fordert die Frau?

Zunächst, nicht arbeiten zu müssen, ein Buch in der Hand zu haben wie ein Schmuckstück am Arm. Lektüre ist hier die ästhetische Pose vollendeten Müßiggangs. (Was nicht ausschließt, daß man sie tatsächlich praktiziert.)

Weiter, gut zu leben in angenehmer Gesellschaft. »Sie sagt, daß (...) sie eine gute Küche will und Dienstleute für die Wäsche und immer nette Leute um sich, daß sie da fröhlich ist und Rouge auflegt.« Einladen will sie können, einer Gesellschaft etwas vorsetzen, am häufigsten Austern und Weißwein, ohne die Lücken zählen zu müssen, die im Keller entstehen und auch bei den Gläsern mit den in Schnaps eingelegten Aprikosen ihres Mannes. Rouge auflegen ist ein ästhetisches Signal, das sich gegen den Ehemann richtet. Es zeugt von der besonderen Sorge, welches Bild gebe ich vor den anderen ab. Gerade diese Sorge stigmatisiert Mercier. Sie findet ihre Bestätigung durch Sitzungen bei einer Malerin, die sich über drei Monate hinziehen. Ganze Tage verbringt sie dort und hat üblen Umgang. Sich porträtieren zu lassen, glaubt man Mercier, scheint im Paris der achtziger Jahre große Mode gewesen zu sein.

Die Porträtmaler sind die am meisten beschäftigten, die Eigenliebe sorgt dafür. Hat man sich einmal im Spiegel geschaut, will man sich auf Leinwand sehen (...) Die Frauen lassen sich sehr oft malen (...). Manche Frauen sitzen drei Monate ...[20]

Drei Monate, genau wie bei der Frau des Modisten.

Die dritte Forderung lautet: ausgehen, über die Boulevards, durch die Anlagen des Palais-Royal promenieren zu dürfen, dort sucht er sie zuerst und findet sie auch, wenn sie nicht zu Hause ist.

Es war teuflisch mit ihr und so, daß sie morgens neun Uhr auf den Boulevard ging, um zwei Uhr zurückkam, Mittag zu essen, um drei Uhr wieder hinging und acht Uhr abends zurück war.

Ist sie sehr aufgebracht, hat ihr Ausgehen etwas von Fahnenflucht aus dem ehelichen Heim an sich. Ansonsten vollzieht sich der Ausgang zumeist mondän und wie eine große Reise: laufen, sehen, gesehen werden, vorüberziehen sehen und selbst vorüberschlendern, auf einer Terrasse gegenüber dem Palais-Royal Liköre, Kaffee und Sorbets zu sich nehmen. Das alles führt zu einer noch größeren Szene.

Eines Tages kommt er zur Stunde des Abendessens nach Hause und findet niemanden vor. Er stürzt zum Palais-Royal, dort ist sie, mit dem Mann der Malerin, die sie seit einem Monat malt. »Ich konnte nicht feststellen, ob sie rot wurde, weil sie zu viel Rouge aufgelegt hatte«, »und ich sprach zu meiner Frau, die wie eine Dirne mit dem vielen Rot aussah.« Kurz, ein Duell ist fällig, findet aber nicht statt – Zwischenfälle über Zwischenfälle, die akribisch wiedergegeben werden. Die Promenade wird mit allen ihren Örtlichkeiten beschrieben, mit den Boulevards, dem Palais-Royal, den Tuilerien, dem Fest Saint-Cloud, der letzten Station, wo sie einen jungen Drucker stehen läßt wegen eines Tänzers von der Oper Dubois, der besser angezogen ist, dessen Arm sie ergreift und mit dem sie über die schöne Allee spaziert, im vollen Glanz ihrer Aufmachung. Sich am Arm eines gut angezogenen Mannes zu zeigen, auch um den Preis eines wenig feinen Verhaltens (sie läßt den Kavalier von zuvor bedenkenlos stehen, hat er doch bei der Selbstdarstellung versagt), gibt an, wie trefflich man ästhetisch ausgewählt hat.

All die Forderungen zusammen zeitigen eine unvermittelte Konsequenz: es wird ausgegeben. Der Mann erträgt nicht mehr die drohende Pleite seines Unternehmens. »Ich konnte ihr noch so sehr sagen, daß die Verausgabung schnell kommt, daß wir das nicht lange aushalten, sie antwortete mir schnippisch und das immer so.« Ein Sturm hebt an, es grollt im Heim, das Gewitter bricht los. Doch sie hat, wie es scheint, die schnellere und gewitztere Zunge. Die Situation verschärft sich. Sie geht noch öfter aus, die Szenen häufen sich entsprechend. Soweit das Dokument, das auf beunruhigende Weise offenbleibt.

Es liefert uns ein Frauenporträt, das dem Typ bei Mercier entspricht. Das erlaubt uns keine Rückschlüsse, sondern höchstens, dem Blick des Autors einige Enge nachzusagen. Mercier urteilt, und er unterliegt dabei den Kategorien und kollektiven Bildern, die im sozialen Leben von Paris kursieren, wo er zu Hause ist. Man findet diese in der Banalität eines Stereotyps wieder und in der außergewöhnlichen Intensität eines Archivzeugnisses.

Was kann der Wunsch, in Erscheinung zu treten, der den Frauen des Kleinbürgertums Schwindel verursacht und ihre Familien ruiniert, bedeuten? Oder vielmehr, weshalb kommt es zu dieser sattsam bekannten weiblichen Verkörperung eines als bedrohlich empfundenen Willens, sich in Erscheinung zu setzen, und warum findet er diese Worte, um sich zu einem bestimmten Moment in einem Bericht zu konstituieren? »Neid« und »Eitelkeit« sind eine moralische und reduzierende Lesart des bewußten Verhaltens. Das Spiel, das in Form des Kampfes um Erscheinung ins Getriebe der sozialen Anerkennung gelangt, bietet Gelegenheit, in gewisser Weise gegen die einengenden hierarchischen Beziehungen und die drückende Last des Wirtschaftsetats anzugehen. Wenn die Krämersfrau die gleiche Haube anstrebt, wie sie die Gattin des Notars trägt, obwohl sie wertvolles Geld dafür hingeben muß, bringt sie damit zum Ausdruck, daß ihr ästhetische Subversion mehr bedeutet als die beruhigende Sicherheit täglicher Ersparnisse. Wenn die Frau des Modisten ihre Arbeit liegen läßt und sich für den Ausgang schminkt, treibt sie die – mehr soziale als sexuelle – Begierde, sich darzustellen. Sie wird sich in Begleitung ihres Geliebten nicht zu verbergen suchen, sondern sich in solch feiner Gesellschaft gerade zeigen. Eine Darbietung vor den Augen aller, an den Orten, wo der Geist der Zeit wirkt, an denen Bücher, Reden, Blicke hin und her gehen. Eine Darbietung des eigenen Bildes, das durch ein wenig Rouge seine Vollendung erfährt.

Die Frau aus der zweiten Reihe der Bourgeoisie akzeptiert, glanzlos zu bleiben, denn sie zeigt sich nicht. Der Kleinbürgerin dagegen schwindelt der Kopf unter der Haube, mit der sie sich unbedingt schmücken muß. Der Schwindel ist endlos, denn die Zeichen der Opulenz einer Marquise oder Herzogin unterliegen einem anderen Maßstab. Wer sind die großen Leute, deren Feuerwerk sich am nie erreichbaren Horizont abzeichnet? Hier sind es die Herzoginnen und Marquisen. Die Ironie Merciers will treffen, aber sie kaschiert auch ein Vakuum, in dem sich die Identität der glanzvollen Figuren seines Textes auflöst. Die Frau und die Hochmütige, die Kurtisane Laïs und die Pariserin oder die Herzoginnen und die Marquisen sind austauschbar und ähneln sich. Ihre Mienen strahlen, die Spangen in ihrem Haar, ihre Equipagen glänzen wie die Kronleuchter und die Goldverzierungen ihrer Häuser. Von solch äußerlicher Qualität ist auch ihre Psychologie. Die Pariserin, so Mercier, beachte nur, was glänzt, und verbleibe an der Oberfläche. Mercier gebraucht das Wort »glänzend« (brillant), um einen bestimmten Typus sozialer Ausstrahlung zu kennzeichnen, wie er in Paris, der glänzenden Kapitale, zu sehen ist. Diese strahlende Welt wird von einer spezifischen Macht hervorgebracht, dem Luxus, der jede Oberfläche mit blendendem Licht anreichert. Die Wände, Gegenstände, Gewebe, Körper und Gesichter erglühen in Gold, Steine glitzern, Farben funkeln. Die Schichten des Volkes und des Bürgertums sind aufgefordert, diese Flut von Licht an gewissen Orten und zu gewissen Zeiten zu bestaunen. So spricht Mercier davon, daß das Volk die Spiegel, die Vergoldungen, den Thronhimmel und die Menge der Platten auf der königlichen Tafel, die mit Gold überladenen Karossen bewundere. Hier sieht bei ihm das Volk zu, wie der König inmitten eines Dekors speist, in dem Spiegel die Reflexe des Glanzes vertausendfachen, dort durchquert bei ihm ein vergoldeter Wagen wie ein Blitz die Straßen der Stadt. Die ästhetische Botschaft kommt mit Lichtgeschwindigkeit und hinterläßt keine ersichtliche Spur.

(...) so wie manchmal eine glänzende Equipage mit goldenem Geschirr, bildschönen Pferden und blitzendem Fensterglas plötzlich unerwartet an einem entlegenen armen Dörfchen vorüberjagt, das nichts kennt außer dem Bauernwagen: Lange noch stehen die Bauern mit offenen Mündern da, die Mützen in den Händen, obwohl die wunderbare Equipage längst davongefahren und den Blicken entschwunden ist.[21]

Knapp ein Jahrhundert nach Mercier gebraucht Gogol so die Kategorie des Glänzenden, um die Ausbreitung der ästhetischen Information, ausgehend vom Luxusobjekt, bezeichnen zu können.

Eine glanzvolle Stadt ist, wo Lichter, goldene und geistige, kreisen. Freilich, während letztere erleuchten, blenden erstere. Die einen nehmen langsam zu, die anderen steigern sich schwindelerregend. Sie werden als männlich und stark oder aber als weiblich und gekünstelt empfunden. Die Strahlkraft von Paris ist künstlich, und die Ausstrahlung des Jahrhunderts recht weiblich.

Hier ein Porträt des 18. Jahrhunderts aus »Das Jahr 2440«[22], einer Art Utopie, die Mercier zehn Jahre vor dem »Tableau« verfaßt hat.

(...) der Maler hatte es als Frau dargestellt. Der ausgesuchteste Putz ermattete ihr herrliches und feines Haupt. Ihr Hals, ihre Arme, ihr Busen waren mit Perlen und Diamanten bedeckt. Ihre Augen strahlten vor Leben, aber ein leicht gezwungenes Lächeln verzerrte ihren Mund. Ihre Wangen waren hochrot. Aus ihren Worten wie aus ihrem Blick schien die Kunst sprechen zu wollen (...). Ich bemerkte, daß diese prächtige Robe unten zerfetzt und schmutzbefleckt war. Ihre

bloßen Füße steckten im Morast, und ihre Extremitäten waren so häßlich, wie ihr Oberes strahlend war.

Das Bid ist ein Emblem, und das Emblem ist ein Frauenporträt. Es reicht aus, ein herrliches und geschmücktes Haupt einem häßlichen Unterteil gegenüberzustellen, um in einem Zug eine Stadt, ein Jahrhundert, eine Person und eine Lektion zu umreißen. Es sind die ästhetischen Kategorien der Beschreibung, wie »glänzend«, die diese Übergänge gestatten.

Die strahlende Figur, die durch das Tableau von Mercier geistert, kann hier nicht mehr dieser oder jener genau bezeichneten sozialen Kategorie zugewiesen werden: sie ist die Frau schlechthin, die in der Kapitale umgeht, ausgeschieden aus den Reihen der Bourgeoisie und populär auf Grund des strahlenden ästhetischen Auftretens (ohne daß dies von Mercier klar herausgestellt würde). Das strahlende Weib, das das Tableau beherrscht, weil es auf jeder sozialen Bühne die Blicke auf sich vereint, gehört in Wirklichkeit privilegierten Kreisen an. Es ist eine große Kurtisane oder eine Herzogin, und ihr will man gleichen. »Sie« weist aufs intensivste die femininen Werte auf – allen voran die ästhetische Aufmerksamkeit für die eigene Person –, und sie entfaltet sich strahlend inmitten ihres ureigensten Dekors, der Stadt. Betrachten wir sie näher. Ihre Präsenz ist zu gewissen entscheidenden Momenten von einer Strahlenkrone umgeben. So während der zweiten Toilette, wenn sie empfängt und ein Spektakel erster Güte zu erleben hat.

Die zweite Toilette ist nichts als ein Spiel, das Koketterie ersann. Beschaut man sich da im Spiegel, so mit einstudierter Grazie. Man betrachtet sich nicht, man bewundert sich. Das lange wallende Haar, das geordnet wird, lag schon in Wellen und ward bereits parfümiert. Schnell sind die Locken gesteckt, sie gehen aus leichter Hand hervor, die sie kaum zu berühren scheint. Wird ein alabasterweißer Arm in duftendes Wasser getaucht, so sind sein Glanz und seine Helle schon nicht mehr zu steigern. Diese Toilette ist nur eine Rolle, die gestattet, tausend verborgene Reize zum Vorschein zu bringen, die noch keiner sah. Ein Morgenrock, der verrutscht, ein halbnacktes Bein, das hervorlugen darf, ein Pantöffelchen, das einem zierlichen Fuß entgleitet, den es kaum umschloß, ein sinnliches Negligé, in dem die Taille voller und eleganter erscheint – tausend Gelegenheiten, die der weiblichen Eitelkeit schmeicheln. Das alles und dazu das unaufhörliche oder jäh stockende Geplapper, das dem Durcheinander und der Lockerheit des Moments entspricht.[23]

Die erste Toilette, die eigentliche, ist nicht dafür bestimmt, gesehen zu werden, sie kommt folglich in Merciers Text nicht vor. Was sich bei ihr abspielt, bleibt verborgen hinter den Kulissen der im Einsatz befindlichen Technologie aus Gesten und Geräten, wie sie für die Konstruktion des ästhetischen Bildes der eigenen Person benötigt wird. Die zweite Toilette dagegen ist ein bewegtes Schauspiel, das von einem ununterbrochenen Plappern durchsetzt ist. Mund, Wörter, das Weiß des Arms, der Pantoffel, alles dient hier der Inszenierung. Die Frau setzt das Natürliche in Szene als alternative Taktik zum Herausstellen des falschen Schönen. Ihre Launen verlangen nach anderem als einer Haube.

Es ist bereits ein Weilchen her, seit das Schoßäffchen, in das die Dame von Welt eine Zeitlang derart vernarrt war, daß sie es selbst bei ihrer Toilette um sich wissen wollte, ins Vorzimmer verstoßen wurde. Auf seinem Vorzugsplatze neben dem Lieblings-Abbé, dem hoffnungsvollen Magistraten oder dem jungen Offizier haben sich seither abgelöst: der Wellensittich, die Windhündin, der Spaniel und die Angorakatze. Doch passé sind nun auch diese Schnuckiputzis, und zwar, seitdem sich die Frauen mit Lebensart um die kleinen Neger reißen. Kein Zweifel, unsere Schönen haben sich an den Anblick dieser fern ihrer Heimat als Sklaven geborenen und für die Skla-

verei im Dienste der Schönheit für tauglich befundenen Schwarzen aus Afrika recht gut gewöhnt! Nicht einmal für den kleinsten Augenblick trennt sich die zärtliche Herrin von ihrem Leibnegerchen. Je dunkler es von der Sonne gebrannt wurde, desto schöner dünkt es sie. Es klettert seiner Holden auf die Knie, es preßt ihr sein wolliges Köpfchen an die Brust und seine Lippen an einen Rosenmund, seine ebenholzfarbenen Arme umschlingen einen blütenweißen Hals, und sie läßt es voller Wonne gewähren, denn ein kleiner Neger mit weißen Zähnen, vollen Lippen und samtweicher Haut ist halt besser im Liebkosen als etwa ein Spaniel oder eine Angorakatze.[24]

Die Anwandlungen von mutwilliger Ausgelassenheit, aus denen heraus sich während der zweiten Toilette das Natürliche zum Dekor erhoben sieht, werden gesteigert durch Belebtes und Belebendes, durch kleine Tiere und Negerjungen, deren Beweglichkeit mit einer Verniedlichung einhergeht. Sie setzen Kontraste, bringen Geräusche, Gelächter hervor, und ihre sich immerfort wiederholenden zierlichen Gesten betonen noch das Durcheinander, das als Schauspiel gewollt ist. Sie erhöhen in den Augen des Abbé, des Offiziers, des Verwaltungsbeamten, die bei der Toilette dabei sind, den Glanz der Frau. Der Negerjunge ist ein erwähltes Juwel, dessen schwarze Händchen die Weiße eines Kragens hervorheben und der außerdem allen Anwesenden erlaubt, indirekt Zärtlichkeiten und warme Vertraulichkeit auszutauschen.

Doch während das Kind auf den Knien seiner Herrin lebt, während es um seines fremdartigen Aussehens, um seiner flachen Nase willen mit Leidenschaft verwöhnt wird, wogegen seine Ungezogenheiten leichthin von derselben zarten Hand bestraft werden, die es gleich darauf nur um so inniger drückt und herzt – während all dem stöhnt sein Vater unter den klatschenden Peitschenhieben eines gnadenlosen Antreibers. Und aus seinen, dieses geschundenen Vaters Händen kam der

Zucker, den das Negerkind soeben aus der Tasse seiner lachenden Gebieterin zu schlürfen bekam.[25]

Jedes wahre Juwel, wie hier das warme, ebenholzfarbene, schließt Verweigerung der äußeren Welt und der ökonomischen und sozialen Voraussetzungen ein, die seine Zurschaustellung bedingt. Jeder große ästhetische Effekt beruht auf dieser Verweigerung, solange er anhält.

Die Frau bei ihrer Toilette ist hier die Frau schlechthin, ohne ausdrücklichen sozialen Bezug. Es kann dies die hochmütige Laïs mit dem glänzenden Haupt sein, die in ihrer glänzenden Equipage wie ein Blitz vorbeizieht, oder eine Frau von Stand, die glänzen will. Wer imitiert wen bei dieser zweiten Toilette, bei der Phantasien, Moden, tierisches, menschliches, exotisches Dekor im Spiel sind? In welche Richtung wird der Träger des distinktiven Mechanismus gelenkt? Vielleicht entsteht hier eine rückwirkende Verbindung zwischen der anmaßenden Laïs, der Frau von Stand und der Gesamtheit an ästhetischen, manchmal auch exotischen Informationen – wie sie als Bilder bei den Visiten, auf den Promenaden, Bällen und Stätten des visuellen Austauschs zirkulieren –, deren sich die glänzende Frau als erste bemächtigt. Der Gipfel der Koketterie ist das Theater der Intimität während der zweiten Toilette, da die Frau um ihren Körper quasi eine Luftvibration schafft, die aus schnellen Bewegungen, kleinen Lebewesen, leichtem Zanken, Lachen ersteht – lauter unsichtbare, doch wirkungsvolle Teilchen des Glanzes. Es existiert eine Art Psychologie, induziert durch eine Ästhetik des Glänzens, die aus Schmollen, Stimmungswechsel, aus einem Hin und Her der Rede und der Bewegungen besteht, denen es des Zusammenhangs ermangelt. Dies läßt immer wieder das Ensemble der formellen Möglichkeiten einer reichen und eleganten Präsenz von allen Seiten her in Veränderung geraten, so wie ein Fuß, wenn er den Pantoffel fast verloren hat, sich hervorstreckt, um ihn zu suchen.

Die glanzvollen Figuren bei Mercier resultieren alle aus einer Ästhetik der beschleunigten Bewegungen, wie sie die zweite Toilette auszeichnet. Sie kann sich aber auch bei anderer Gelegenheit bestätigen.

Als Dämchen nimmt man also mit sich in die kleine Loge seinen Spaniel, sein Kissen, seine Wärmflasche und vor allem einen kleinen Gecken mit Lorgnon, der einen über alles, was da kommt und geht, ins Bild setzt und der auch die Namen der Schauspieler zu nennen weiß. Im übrigen hat die Dame eine kleine verglaste Öffnung in ihrem Fächer, damit sie sehen kann und dabei selber nicht gesehen wird.[26]

Ein Gegenstand wie der Fächer ist bezeichnend für das, was die Vibration um eine glänzende Erscheinung ausmacht: sich pausenlos aktivieren, durch den Fächer beobachten, laut auflachen usw. Die Luft wird von dem Fächer der vervielfältigten Bewegungen in Vibration versetzt. Es handelt sich hier um alles andere als eine erhaben wirkende Erscheinung, deren ruhiger Glanz von Aufnahmebereitschaft zeugt. Das wird ein paar Jahrzehnte später die Norm während des Theaterspiels sein. Der »Gecke mit dem Opernglas« hat nichts Männliches mehr an sich, er ist durch und durch feminisiert. Er mimt die Frau, um ihr besser zu gefallen.

Ist die gesteigerte Mobilität, wie sie typisch ist für die glänzenden Personen bei Mercier, spürbarer Ausdruck der sozialen Wechselwirkungen, die sich im Paris des 18. Jahrhunderts vollziehen, oder steht sie in bezug zu den oft inflationistischen Verfahren dieser Schreibweise, die auf Wirkung abzielt? Meines Erachtens handelt es sich um eine effektive Art des Bewegens, welche das Auge Merciers geradesogut wie jedes andere erkennt. Vergessen wir nicht, daß »die soziologische Kompetenz des Auges immens ist«[27]. Glaubt man den

Beschreibungen von Goffman, gibt es keinen epistemologischen Grund, denen von Mercier zu mißtrauen.

Ein Text von 1788 illustriert diese Ästhetik der Mobilität. Die glänzende Frau in ihrem Wagen:

(...) »Steigen Sie ein, Baron!« Und der Baron kurz zum Kutscher: »Rue de la Pepinière.« Dort angekommen, sagt die Frau: »Ich muß sie verlassen, sonst verpasse ich meinen Statik-Kursus. Chevalier, Sie werden uns beehren? In der Nähe des Arsenal Germain, hier die Adresse.«

Der Wagen fährt wieder an. Da sieht man ein paar hübsche Papageienweibchen. Es muß angehalten werden, um sie zu betrachten und mit ihnen zu sprechen. Der Händler fordert die Damen auf, einzutreten, um einen herrlichen Papagei in Augenschein zu nehmen, der, wie er versichert, lose Reden hält, die eine Menge Leute um den Wagen scharen könnte. »O, steigen wir aus, meine Liebe, wir werden uns wie die Götter amüsieren!« Der Papagei wird gekauft. Eine viertürige Kutsche fährt vorbei. Die Frau ruft dem Mann darin zu: »Wohin geht es?« »Ich will mir die Druckerei der Blinden ansehen.« »Einzigartig! Köstlich! Reizend! Fahren wir schnell hin, alle!« Doch unterwegs fragt die Frau den Grafen, ob er sie neulich in dieser Kutsche zu dem Bild von Drouais gefahren habe. Daraufhin fängt die Marquise Feuer und will es absolut sehen. Man sagt sich, die Blinden werden noch lange drucken, aber das Bild kann von einem Augenblick zum anderen verschwinden. »Zu Drouais!« Ein Gespräch über Malerei hebt an, der Chevalier gesteht, er male. So kommt den Frauen der Einfall, seine ungeordneten Mappen zu überfallen und seine Blumen zu begutachten. »Zum weißen Schlagbaum!« Die Pferde machen kehrt, und es geht weiter. »Meine Güte, was Blumen betrifft«, nimmt die Marquise den Faden wieder auf, »man hat mir gerade gesagt, daß der große Schlangenkaktus im königlichen Garten blüht, was vielleicht erst wieder in dreißig oder vierzig oder fünfzig Jahren sein wird ... Wenn es gleich vorbei sein sollte, hätten wir den Augenblick für unser gesamtes ganzes Leben verpaßt.«

Und vom Botanischen Garten kehrt man noch einmal zurück, ehe man bei einem Baumeister des Parténion anlangt, der an den Sümpfen wohnt, danach bei einem Stukkateur vom Boulevard de l'Opéra, von dem zu Réveillon, von Réveillon zu Desenne, um Broschüren mitzunehmen. Worauf dann der Chevalier zu der Dame sagt: »Sie wollen doch zum Lyzeum ...«[28]

Das ist nur ein Ausschnitt aus der weiblichen Rastlosigkeit in den Straßen der Stadt. Die Ironie des Erzählers akzentuiert und präzisiert die Atmosphäre, die die Marquise verbreitet: eine Abfolge diskontinuierlicher Momente sprengt den Verlauf und den Sinn ihrer Ausfahrt. Je nach Begegnung und Angebot wechselt die glanzvolle Frau ihr Vorhaben. Und keine der neu eingeschlagenen Richtungen wird weiter verfolgt – weder auf der Straße noch in ihrem Kopf, weder in ihrer Gestik noch in ihrer Rede –, ohne daß sie ausriefe: »Oh!«, »Ah!«, und dann die Superlative »einzig!«, »köstlich!« usw. Es sprudelt nur so von exaltierten Übertreibungen: »Fahren wir schnell hin, alle.« Sie macht aus jedem neuen Ziel das herrliche Objekt eines rasenden Verlangens, das sogleich durch eine neue Dringlichkeit ausgestochen wird. Auch diese dauert wieder nur die Zeit, da sie formuliert wird. Die glanzvollen Frauen haben eine eigene Art zu sprechen, die aus musikalischen und lexikalischen Effekten besteht – ein Collier glänzender Worte, die einem ernsthaften, nüchternen Ton und einem Zusammenhang entgegenstehen. Die glanzvolle Frau um 1780 strebt nach dem Licht der Wissenschaft – Kurse, Broschüren, soziale Erfahrungen erregen sie aufs höchste. Dieser gesteigerte Zustand wird nicht gehalten, das Zünglein an der Waage zittert hin und her. Auch die glanzvolle Frau kennt das Gefühl des Schwindels, welches aber nicht das der Kleinbürgerin ist, die sich durch ihre Haube gehoben fühlt, sondern das einer Heroine des Glanzes, die das Schwergewicht überwindet, indem sie alle Mobilitäten, deren Ausgangspunkt sie ist, noch immer weiter steigert. Man kann mit dem Terminus »Moden« die beschleunigten Veränderungen in der potentiellen Gesamtheit der Seinsweisen bezeichnen, die sich dem sozialen Blick ästhetisch darbieten. So sind Modeinteressen wie eine Werkstatt für Blinde, ein neues Papageienweibchen und ein Statik-Kursus Äquivalente für eine neue Robe oder eine neue Art, sich auszudrücken. Diese Gleichwertigkeit wird durch die Abfolge voneinander losgelöster Momente in einem fort überschwemmt. Der Übergang von Unbeständigkeit zu Zusammenhanglosigkeit, d.h. vom Glänzenden zum Flüchtigen, von der Eile zum Absturz, vom Künstlichen zum Eitlen, von der Laune zur Nichtigkeit usw. wird abgeleitet aus dem Weibischen im Weiblichen, auf daß Frau und FRAU, Pariserin, ewig Flatterhafte und Flüchtige, glänzende Kapriziöse zu einer Figur werden. Eine ganze Psychologie, ja eine Ethik (List, Gerissenheit, Lüge, Verrat) wird hier also in die Ästhetik des Glänzens impliziert.

In bezug auf das Schauspiel und die Toilette scheint die strahlende Präsenz der weiblichen Figuren die Hauptrolle zu spielen. Das gleiche ästhetische Universum des Glanzes umgibt die große Kurtisane wie die Frau von Rang. Ein paar wenige dieser Frauen bestimmen tyrannisch, vor allem über das Detail, was gerade und allein Mode ist. Diese wenigen können sich alles herausnehmen, die schlimmsten Gewöhnlichkeiten in der Rede, der Garderobe, der Speisenaufnahme, indem sie die Zeichen der Distinktion aller Milieus aufgreifen und imitieren. Die Kleinbürgerin muß affektiert wirken, wenn die glänzende Frau mit wirrem Haar daherkommt, Rotwein trinkt und bei den Mahlzeiten obszöne Flüche brüllt, wie es Mode bei den »Bacchantinnen« war.

Der Kampf um die Erscheinung verbindet sich bei

ihnen mit dem Sturz des »seriösen« Reglements, der den Weg für die notwendige Innovation frei macht. Die Personen des Glanzes behaupten ihren Rang und geben ihm über entsprechende distinktive Zeichen prahlerisch Ausdruck, doch um wirklich die Zeitspanne eines Eklats über zu glänzen, ist noch eine leichte Abweichung, ein besonderer, überraschender Akzent vonnöten, deren ästhetischer Erfolg immer mehr oder weniger eine Unterwanderung des Kodes ist. Doch diese Subversion ihrerseits verliert jede Richtung bei der frenetischen Aufeinanderfolge der glänzenden Moden, die jede dauernde Orientierung ins Dunkel tauchen.

Deutsch von Helgard Rost

1 Louis Sébastien Mercier, *Mein Bild von Paris*, übertragen und herausgegeben von Jean Villain, Insel-Verlag Anton Kippenberg, Leipzig 1976. (Es handelt sich hierbei um eine Auswahl aus der zwölfbändigen Amsterdamer Ausgabe des »Tableau de Paris« von 1787. Zu dem Werk siehe: Karlheinz Stierle, *Der Mythos von Paris. Zeichen und Bewußtsein der Stadt*, Hanser, München 1993.) Die zitierte Stelle findet sich auf Seite 113 f., sie endet dort: »... sobald ihr Äußeres auf dem Spiel steht, verlieren unsere Frauen glatt den Kopf«. (d. Ü.)

2 Louis Sébastien Mercier (1740–1814), vielgelesener französischer Autor in der Zeit unmittelbar vor der Revolution. Dramatiker, Journalist, Romancier. Verfechter der plebejisch-demokratischen Strömung der Spätaufklärung. (d. Ü.)

3 Louis Sébastien Mercier, *Tableau de Paris*, durchgesehene und erweiterte Neuauflage (ohne Angabe des Autors), Amsterdam 1782 (Bd. 1 und 2, 1783 (Bd. 3 und 4). Zitierte Stelle in Bd. 2, Teil IV, Kap. CCCXII, S. 74.

4 Unter »Ästhetik« verstehen wir im erweiterten Sinn jede Organisation formeller Selbstdarstellung.

5 L. S. Mercier, *Mein Bild von Paris*, a. a. O., S. 11 f.

6 R. Nisbet, *La Tradition sociologique*, PUF, Paris 1984 (New York 1966).

7 Mit Ausnahme von Georg Simmel, »Essay über die Soziologie der Sinne«, in: *Schriften zur Soziologie*, Suhrkamp, Frankfurt a. M. [4]1992.
Es sind eher die Ethnologen und die Anthropologen, die sich dem nähern, so z. B.: Marcel Mauss, *Manuel d'ethnographie*, Payot, Paris 1947, Kap. Ästhetik, S. 69–100.
In dieser Beziehung der wichtigste Soziologe ist meines Erachtens Erwin Goffman mit *Wir spielen alle Theater. Die Selbstdarstellung im Alltag*, Piper, München [7]1988; *Stigma. Über Techniken der Bewältigung beschädigter Identität*, Suhrkamp, Frankfurt a. M. 1967; *Interaktionsrituale. Über Verhalten in direkter Kommunikation*, Suhrkamp, Frankfurt a. M. [2]1991.

8 Siehe L. Beclard, *Sébastien Mercier, sa vie, son œuvre, son temps avant la Révolution*, Champion, Paris 1903.

9 L. S. Mercier, *Tableau de Paris*, a. a. O., Bd. 1, Teil II, Kap. CXXII, S. 53 ff.

10 Ebd., Bd. 3, Teil V, Kap. CCCCXVIII, S. 231 ff.

11 Siehe V. Nahoum-Grappe, *Beauté – Laideur. L'esthetique du corps en quéstion. Un essai de sémiologie historique – France XVIe–XVIIIe siècles*; Thèse, Paris–Sorbonne 1985 (1. Teil).

12 L. S. Mercier, *Tableau de Paris*, a. a. O., Bd. 1, Teil II, Kap. CLXI, S. 171f.

13 L. S. Mercier, *Mein Bild von Paris*, a. a. O., S. 323.

14 L. S. Mercier, *Tableau de Paris*, a. a. O., Bd. 3, Teil V, Kap. CCCLXXI, S. 34 ff.

15 L. S. Mercier, *Mein Bild von Paris*, a. a. O., S. 241.

16 Siehe V. Nahoum-Grappe, a. a. O., S. 300 f.

17 AN, Y 11741. Aufgenommen in: A. Farge, *La Vie fragile, violence, pouvoir et solidarités à Paris au XVIIIe siècle*, Hachette, Paris 1986, S. 103–118.

18 A. Farge, a. a. O., S. 163.

19 Das Dokument ist nicht numeriert.

20 L. S. Mercier, *Tableau de Paris*, a. a. O., Bd. 3, Teil VI, Kap. CCCCLVII, S. 15 ff.

21 Nikolaj Gogol, *Die toten Seelen*, Aufbau-Verlag, Berlin und Weimar 1981, S. 143.

22 L. S. Mercier, L'An 2440, Neuauflage, Adel, Paris 1977, S. 201.

23 L. S. Mercier, *Tableau de Paris*, a. a. O., Bd. 3, Teil IV, Kap. CCCCXCVIII, S. 149 f.

24 L. S. Mercier, *Mein Bild von Paris*, a. a. O., S. 382 ff.

25 Ebd., S. 385.

26 Ebd., S. 126.

27 E. Goffman, »La ritualisation de la féminité«, in: *Actes de la Recherche en sciences sociales*, Nr. 14, April 1977.

28 Bractéole, »Eloge philosophique de l'impertinence«, 1788, in: E. und J. Goncourt, *La femme au XVIIIe siècle*, Neuauflage, Flammarion, Paris 1982, S. 124 f.

OLIVIER BURGELIN/
MARIE-THÉRESE BASSE

Die Unisex-Mode

Diachronische Perspektiven

Das Wort und die Sache

Das ewige Problem, zu entscheiden, ob der Gegenstand einer Untersuchung oder einer Debatte ein Wort oder eine Sache ist, stellt sich auch bei leicht ausgefallenen Begriffen aus dem Bereich der Mode. Häufig konzentrieren sich Moden so sehr um ein Wort, daß beide, Mode und Wort, untrennbar erscheinen. Man nehme Begriffe wie *swing, new look, nouvelle vague, hi-fi, rock, mini, kitsch, rétro* oder *new wave.*[1] Die Beispiele *nouvelle vague* und *new wave,* die ja keineswegs dasselbe bezeichnen, zeigen gut, daß das Wort hier zunächst ein *Signifikant* ist. Über kurz oder lang kommt es dann häufig vor, daß dieser Signifikant polyvalent wird, und zwar in dem Maße, daß er für alle möglichen Gegebenheiten gebraucht werden kann, die einen nur geringen Bezug zur ursprünglichen Sache haben. So im Falle des Begriffs *new look,* der im Französischen zu einer Art Adjektiv für alles Neue wurde, und genauso bei dem Wort *rétro,* das einige Jahre lang für alle möglichen Phänomene herangezogen wurde, zwischen denen Gemeinsamkeiten wiederum schwer herauszufinden waren – sieht man einmal von der wenig charakteristischen Tatsache ab, daß sie alle auf eine relativ junge Vergangenheit rekurrierten. Sollte da der Begriff *Unisex* sich weniger stark für eine solche Mehrdeutigkeit anbieten?

Tatsächlich wurden einige Jahre lang alle möglichen

Erscheinungen mit dem Begriff »Unisex« belegt, einfach deshalb, weil sie sich sowohl an das eine wie an das andere Geschlecht richteten, was in den meisten Kontexten freilich keine allzu präzise Charakterisierung bedeutete. Das Wort »Unisex« gefiel einfach. Einige Leute spekulierten auf diesen Umstand, mutmaßten, daß dieser Begriff in der Lage sei, dem, was er umfaßte, einen werbenden Aspekt zu verleihen. Alles war »Unisex«, so wie einige Jahre zuvor in einer anderen Begriffswelt alles »hi-fi«, und vier Jahre später alles »rétro« war.

Der Begriff »Unisex«

Was uns hier interessiert, ist jedenfalls weniger der Signifikant »Unisex« als vielmehr das Phänomen, das er bezeichnet oder definiert hat. In der Geschichte der Jeans,[2] in der der Begriff »Unisex« gegen Ende der sechziger Jahre auftaucht und um 1980/82 wieder verschwindet, ist dieses Phänomen deutlich spürbar.

Doch bevor wir auf irgendeine historische Referenz zu sprechen kommen, sollten wir versuchen, die Implikationen des Begriffs »Unisex« zu präzisieren. Unter welchen Bedingungen kann ein Kleidungsstück legitimerweise mit diesem bezeichnet werden? Um auf eine solche Frage zu antworten, ist es vielleicht angebracht, in bezug auf Garderobe vier Ebenen zu unterscheiden:

1. Die Ebene des Materials und der technischen Herstellung.
2. Die Ebene der Kleidungsstücke (im Englischen: *garments*), die den integrierenden Bestandteil der Bekleidung ausmachen. Auf dieser Ebene haben wir es mit definierten Kleidungsstücken zu tun, sie haben einen Namen, sie sind in der zeitgenössischen Betrachtung mit genauen Bedeutungen versehen.
3. Die Ebene dessen, was man die Regeln der Zusam-

menstellung oder Auswahl von Kleidung nennen könnte, mag es sich dabei um die Kleidersyntax handeln oder auch um Etikettenregeln, in die diese Syntax sich notwendig verwandelt; etwa die Regeln, die das Tragen einer Krawatte mit diesem oder jenem Hemd betreffen oder eines diesen oder solchen Hemdes mit diesem oder jenem Jackett beim Herrenanzug. Diese Regeln sind in der westlichen Tradition höchst kodifiziert.

4. Schließlich die formale Konzeption der gesamten Garderobe, aus der diese Regeln der Zusammenstellung hervorgehen.

Wenn wir nun, bei momentaner Abstrahierung aller historischer Referenz, das Konzept oder den Mythos eines durch und durch »Unisex«-Kleidungsstücks nehmen, dann scheint es evident, daß die Identität zwischen dem männlichen und dem weiblichen Kleidungsstück auf allen vier Ebenen vollständig sein muß.

Ist ein solches Unisex-Phänomen jemals zustande gekommen? In den meisten Gesellschaften wurde bekanntlich Sorge getragen, daß männliche Kleidung sich von weiblicher unterschied. Man könnte meinen, es hätte zur Markierung dieser Differenz ausgereicht, daß die Unterschiede auf einer zweiten und dritten Ebene auftauchten; daß es einerseits bestimmte Kleider für Männer und andere für Frauen gab, und daß es andererseits Regeln der Zusammenstellung und Auswahl gab, die je nach Geschlecht variierten. Und tatsächlich sind in den meisten bekannten Gesellschaften die Unterschiede in der Kleidung zwischen Mann und Frau, so bedeutsam sie auch sein mögen, weder auf der Ebene des Materials und der Technik noch auf der Ebene der formalen Gestaltung des Ganzen grundsätzlicher Art. Die einzig erwiesenen Ausnahmen sind die indische und die westliche Zivilisation.

Wenn wir uns nun die Situation der europäischen

Gesellschaft im 19. Jahrhundert vornehmen, dann sehen wir, daß – ungeachtet einiger Gemeinsamkeiten – die Techniken, die Stoffe, das Material der Kleidung für Mann und Frau nicht dieselben waren und daß die formale Gestaltung des Ensembles der Garderobe ebenfalls unabhängig voneinander vonstatten ging. Tatsächlich hat die Frauenkleidung eine andere Tradition als die Männerkleidung. So ist die Struktur der europäischen Männerkleidung asiatischen Ursprungs; sie kam über Gallien ins römische Imperium, setzte sich um das 14. Jahrhundert herum klar durch und hob sich von der Frauenkleidung ab. Die Frauenkleidung war eine Abwandlung der Bekleidung aus dem Mittelmeerraum, des Faltengewands der Antike. Reformation und Gegenreformation, später dann der Puritanismus des Viktorianischen Zeitalters akzentuierten das Phänomen, indem sie ihr Gewicht gegen jegliche Modifikation der Frauenkleidung in Richtung Männerkleidung ins Spiel brachten.

Es sind jedoch nicht nur ihre Traditionen voneinander unterschieden, sie wurden auch bis ins 20. Jahrhundert hinein durch ganz unterschiedliche Prinzipien geprägt. Alberto Moravia läßt in einer Erzählung[3] nachempfinden, wie ein Mann »Weiblichkeit« über die weibliche Kleidung wahrnimmt:

»Mit beiden Händen wühlte ich in jenen weichen, leicht parfümierten Stoffen und stellte dabei die Überlegung an, daß Frauen sich nicht einfach anziehen, wie es Männer tun, sondern dazu neigen – wie soll ich sagen? – sich zu schmücken; die Kleider, die sie anhaben, bedecken nämlich ihren Körper nicht einfach, sondern sie hüllen ihn auf verführerische, geheimnisvolle Weise ein und verbergen dabei etwas, das da ist, oder täuschen etwas vor, das nicht vorhanden ist. Und was soll man, dachte ich weiter, während ich immer noch im Koffer wühlte, von der Tatsache halten, daß die

Frauenkleider nicht fest am Körper sitzen, wie es bei den Männern der Fall ist, sondern sich bewegen, flattern, bauschen, wehen usw.? Oder, und damit fallen wir ins andere Extrem, sie liegen zu eng an, dann erscheint der weibliche Körper wie gefangen in einer Menge elastischer Stoffe, in Strumpfbändern, Büstenhaltern, Strumpfhaltern und ähnlichen ›Fesseln‹. Also entweder flatternder, verführerischer Flor oder ein enges, hermetisches Futteral.«

Natürlich ist diese Wahrnehmung eng an eine ganze Vergangenheit gekoppelt (das Faltengewand der Antike, das Korsett etc.), aber sie wird durch Elemente, die zu der Gegenwart des Erzählers gehören, aktiviert, mag es sich dabei um technische Gegebenheiten der Kleidung oder um eigene Empfindungen handeln. Es ist also nicht nur die Tradition im Spiel, sondern auch die Art, wie diese in einer bestimmten Periode erlebt wird.

In der Tat stammen wir aus einer Epoche, in der die Frauenkleidung weder dasselbe Gewicht noch dieselbe Weite, noch dasselbe Bewegungsspiel, noch die gleiche Festigkeit und auch nicht dieselbe Struktur hatte oder aus demselben Material war wie die Männerkleidung: insofern existierte auf allen Ebenen eine erhebliche Differenz, und auf den Ebenen 2 und 3 war sie sogar komplett. Wir gelangen mithin zu einer erstaunlichen Schlußfolgerung. Im 19. Jahrhundert hatten die Männer und Frauen in punkto Kleidung nicht nur nicht denselben »Diskurs«, was normal gewesen wäre, sondern sie sprachen auch nicht dieselbe »Sprache«, was ungewöhnlicher ist.

Die Wirklichkeit der Unisex-Kleidung

Wenn wir uns nicht auf »Unisex« als eine Idee beziehen, sondern darauf, was dies in den siebziger Jahren an Realität bedeutete, etwa in bezug auf die gleichnamige Mode, so stoßen wir auf Schwierigkeiten, die aus der Konfrontation des Konzepts mit der historischen Wirklichkeit resultieren. Gewiß, Unisex so verstanden ist kein simples Konzept mehr wie ein irgendwann aus dem Designerkarton hervorgeholtes oder aus der Skizze eines Couturiers hervorgegangenes Projekt. In der zeitgenössischen sozialen Wirklichkeit hat die Unisex-Mode sich zunächst allmählich, durch einen langen Prozeß der Maskulinisierung weiblicher Kleidung, aber auch, in geringerem Maße, durch eine gewisse Feminisierung männlicher Kleidung entwickelt,[4] dann jäh, wie es bei allen Modephänomenen geschieht, insbesondere, wenn in ihnen der Auftritt einer neuen Generation auf der Szene symbolisch zum Ausdruck kommt (die Konnotation der Jugendlichkeit bei der Unisex-Mode ist evident). Ein anderes Problem nun ist, daß man nicht einfach behaupten kann, daß Frauen sich jetzt wie Männer oder Männer wie Frauen anziehen, da sich ja die Männer in einer Kultur wie der unseren nicht alle gleich kleiden und Frauen dies noch weniger tun. Zwar kann man die Unisex-Mode als ein Ganzes betrachten, als eine Art idealen und riesigen Jeans-Laden, in dem ein jeder sich Stücke für seine persönliche Einkleidung herauszugreifen vermochte. Doch daraus resultiert nun keineswegs, daß die Verbreitung der ausgesuchten Kleidungsstücke auf männlicher wie auf weiblicher Seite statistisch gesehen dieselbe gewesen wäre. Für die Größe ist gerade das Gegenteil evident; für die Farbe ist es wahrscheinlich. Außerdem existierten in der Unisex-Mode quasi obligate, wo nicht obligatorische Formen, oder relativ langlebige – vor allem bei den Jeans –, und zum anderen – vor allem im Bereich der Accessoires und beim Schmuck – freie und wahrscheinlich entwicklungsfreudigere Varianten. Schließlich, wenn das Phänomen »Unisex« im wesentlichen bei der Kleidung und beim »äußeren Erscheinungsbild« zur Geltung kam, handelte es sich dabei auch um eine Ideologie, oder zumindest um eine Wahl, bei der ideologische Erwägungen nicht fehlen konnten.

Es geht also um eine Wirklichkeit, deren präzise Einkreisung schwerfällt, ganz egal, wie man sich ihr nähert. Die meisten Stellungnahmen zum Phänomen Unisex halten diese Schwierigkeiten für zweitrangig und betrachten es nur als eine simple Fusion bzw. Kon-Fusion in der Kleidung der Geschlechter. Besonders oft hat man sich darauf bezogen, daß Mann und Frau bei der Unisex-Mode unter bestimmten Bedingungen nicht auseinanderzuhalten waren. Diese Behauptung, wiewohl ideologisch sehr einprägsam, erscheint zudem maßlos übertrieben. Allerdings lassen sich aus dem bisher Gesagten zwei globale und kaum bestreitbare Feststellungen ableiten:

1. Unzweifelhaft gab es die Unisex-Mode und -Kleidung. Eine gute (wenn freilich auch nicht einzig mögliche) Illustrierung dieser Wirklichkeit ist die Entwicklung eines ökonomischen Sektors, der an den Verkauf der Unisex-Kleidung gekoppelt war (kurzum: die Jeans-Läden);
2. Die Unisex-Mode kann in der Verlängerung einer Protest-, Destrukturierungs- und sogar Destruktionsbewegung einer Kleidung positioniert werden, die mit »Unisex« am wenigsten zu tun gehabt hat, nämlich die des 19. Jahrhunderts.

Dieser Fall von einem Extrem ins andere ist für die Wahrnehmung und für die soziale Definition der Unisex-Mode ganz offensichtlich von entscheidender Bedeutung. Darüber hinaus braucht man sich nur die großen, etwa einhundert Jahre zurückliegenden Pendelbewegungen in Erinnerung rufen, die Kroeber und Richardson für den weiblichen Kleiderprunk im Laufe der letzten Jahrhunderte herausstellte.[5] Gibt es innerhalb der Unisex-Mode etwas Rückläufiges? Es tauchten bereits seit dem Ende des Mittelalters in jedem Jahrhundert »unisexuelle« Tendenzen auf. Denunziationen, Predigten und Karikaturen beweisen dies. Aber ein Umstand zumindest sollte uns, was die Deutungen dieses »Unisex *avant-la-lettre*« angeht, vorsichtig stimmen; die Tatsache nämlich, daß sie fast immer zusammen mit impliziten oder expliziten Denunzierungen von homosexuellen Tendenzen, Strömungen und Moden einhergehen. Es hat nicht den Anschein, als hätten diese Tendenzen beim modernen Unisex eine entscheidende Rolle gespielt: es ist eine Bewegung, deren Verwurzelung, Umfang und deren Spuren, die sie in der Kleidung gelassen hat, mit den meisten Phänomenen, die diesem Typus vorausgegangen sind, nicht verglichen werden kann. Dort läge das Thema für eine umfangreiche historische, vorläufig freilich noch zu leistende Untersuchung.

Die Ablehnung einer Kleider-Apartheid

Wenn wir nun versuchen, die Unisex-Mode in bezug auf ihre Vorgeschichte festzulegen, dann geht aus dem vorher Gesagten hervor, daß man in der Tat nicht einer, sondern mehreren Sequenzen folgen muß. Beispielsweise der Entwicklung der abendländischen Kleidung, und dabei insbesondere der Art und Weise, wie diese den Unterschied zwischen dem Männlichen und dem Weiblichen markiert hat; damit auch der Evolution der Ideen von dem, was in dieser Zeit als männlich oder weiblich galt und noch spezieller ab der »bürgerlichen« Revolution, die, weil sie vorgab, die Menschheit zu emanzipieren – dabei aber nur eine Minderheit von Weißen, Erwachsenen, Bürgern (und die alle männlichen Geschlechts) emanzipierte –, eine Folge von Verzerrungen schuf, die sukzessive, je nach Interessenlage, vom Marxismus, vom Feminismus, vom Antikolonialismus und von der jugendlichen Protestbewegung des 20. Jahrhunderts, angeprangert werden sollten. Letztere und der Feminismus interessieren uns hier am meisten.

Da wir aber in den Mittelpunkt unserer Analyse diese weite Protestbewegung gestellt haben, durch die der quasi absolute, die europäische Tradition charakterisierende sexuelle Kleider-Dimorphismus sich innerhalb eines Jahrhunderts als *in sein Gegenteil verkehrt* wiedererkennen mußte, sollten wir zunächst versuchen, die Motive für eine derart radikale Veränderung zu begreifen. Ein Umstand in bezug auf die feministische Bewegung und, allgemeiner, auf die emanzipatorische Strömung der Frauen im 19. und 20. Jahrhundert erscheint dabei bemerkenswert: die sozialen Erneuerer, die der Emanzipation der Frau positiv gegenüberstanden, und natürlich die verschiedenen feministischen Bewegungen selbst, haben das, was man die Kleider-*Apartheid* nennen könnte, letztendlich verworfen, das heißt die Sach- und Rechtslage des 19. Jahrhunderts, in der eine strikte Kleidertrennung bei den Geschlechtern aufrechterhalten wurde. Mag man diese Einstellung auch für eine strategische oder taktische halten – festzuhalten ist in jedem Fall, daß sie, wenigstens nach außen hin, nicht die einzig mögliche war. Man hätte auch einen Standpunkt vom Typus »getrennt, aber gleichgestellt« einnehmen können, bei der dieselben zivilen, politischen, sexuellen und sonstigen Rechte jedem Geschlecht zuerkannt worden wären, ein jedes aber seine ihm eigene Kleidung behalten hätte. Tatsächlich scheinen unter den Frauen, die in ihrem persönlichen Leben am meisten dafür gekämpft haben, daß sie mit den Männern bei Geschäftsdingen, im Berufsleben etc. gleichgestellt sind, viele dafür optiert zu haben, die Normen und Gebräuche in punkto Toilette, Schminke, Schmuck und Kleidung strikt, ja sogar peinlich genau zu respektieren, um so ihre Widerstandskraft für den Machtkampf aufzubewahren.[6]

Warum hat sich – zunächst in der feministischen Bewegung und bei den sozialen Reformern, später dann in der gesamten Gesellschaft – der Gedanke durchgesetzt, die Emanzipation der Frau habe über die Adaptierung männlicher Kleidung abzulaufen? Eine Beantwortung dieser Frage fällt nicht sehr leicht. Sicher, man kann sagen, daß seit der Französischen Revolution die männliche Kleidung die eines Wesens war, das als sozial und politisch emanzipiert galt, und daß es mithin normal war, daß die Frauen, die diesen Status erreichen wollten, auch an dieses Symbol heranwollten. Umgekehrt war es ganz und gar natürlich, daß die weibliche Kleidung, die das weibliche Dasein symbolisierte, als Symbol eben dieses Daseins zurückgewiesen wurde. In einem allgemeineren Sinne könnte man die gestellte Frage mit dem Hinweis anfechten, daß es hieße, symbolische und damit auch Gewohnheiten des Sichkleidens sehr geringzuachten, wenn man sie wie eine Ware ansieht, die durch beliebige Option für eine andere Ordnung, etwa ökonomischer oder politischer Art, ohne weiteres modifizierbar wäre. Jedenfalls waren die betreffenden Symbole bei weitem nicht willkürlich und darüber hinaus, um eine beliebte Unterscheidung aufzugreifen, auch beileibe nicht *unmotiviert*.

Der zitierte Text von Alberto Moravia gibt einen Einblick in die Tiefe bestimmter Motivationen und läßt schließlich sehr gut verstehen, warum sich die Formel »getrennt, aber gleichgestellt« als vollkommen illusorisch herausgestellt hätte: von dem Moment an, da weibliche Kleidung zwischen Anwerben und Aufreizen einerseits und Zugesperrtsein andererseits angesiedelt wird oder angesiedelt werden darf, kann sie aus der Symbolisierung traditioneller Aporien weiblichen Daseins nicht mehr herauskommen, vor allem nicht aus der – wegen des Gewichts der Werturteile oder der Funktion praktischer Konsequenzen, die darin impliziert sind – allerschlimmsten Aporie, derzufolge die Frau ein solch wankelmütiges Wesen sei, daß ihre Tugend nur dann effektiv beschützt werden kann, wenn sie bis oben hin zugeschlossen ist.

Ein Diskurs von vorgestern? Man muß dabei den Zeitpunkt der Analyse Moravias im Auge behalten – zumindest den Zeitpunkt, der in dem Gegensatz von einem lose fallenden Ensemble zu einem elastischen System eingeschlossen ist. Ganz offensichtlich haben wir es mit einem Mann des 20. Jahrhunderts zu tun, einer Epoche, in der die Emanzipationsbewegung der Frau bereits irreversibel erscheint. Wie können in der Phantasie dieser Moraviaschen Figur so augenscheinlich rückwärtsgewandte Inhalte enthalten sein?

Fraglos trafen im Laufe der letzten 150 Jahre zwei gegensätzliche Tendenzen aufeinander: zum einen die Emanzipationsbewegung in der Frauenkleidung, die auf die Adoption männlicher Kleidung hinauslief, und zum anderen eine reaktive Zuspitzung sowohl in der tatsächlichen Gegebenheit als auch in der Symbolik weiblicher Kleidung. Der Wendepunkt, die Epoche, in der der erste Prozeß sich durchzusetzen beginnt, kann wie viele Wendepunkte dieser Art um das Jahr 1920 festgelegt werden. Freilich zwang diese Zuspitzung, sofern sie bestätigt werden kann, die Frauenemanzipationsbewegung um so mehr dazu, die traditionelle weibliche Kleidung aufzugeben; und sie aufzugeben hieß: Adoptierung der männlichen Kleidung, hieß mithin: Unisex. *Die Unisex-Mode markiert das symbolische Ende der Apartheid,* und in diesem Sinne ist sie der logische Abschluß einer langen Evolution, die offensichtlich stark an die Lebensbedingungen einerseits und an die Ideologie andererseits, deren wichtigste Etappen wir hier nun nachzeichnen wollen, gebunden ist.

Von der Radlerhose zum Couturier des Jahres 2000

Die erste Etappe beginnt sicherlich Ende des 19. Jahrhunderts, als die Frauen etliche Sportarten aufnahmen: Fahrradfahren müßte da an erster Stelle genannt werden, dann Tennisspielen, Schwimmen usf. Keine dieser Ausübungen hat eine genaue Analyse der funktionalen Bedürfnisse nach sich gezogen, aus der sich neue Kleiderformen hätten ergeben können. Nichtsdestoweniger haben sie immer stärker eine angepaßtere, funktionalere Kleidung beeinflußt und somit auch eine Annäherung an die männliche Kleidung unterstützt. Diese Annäherung wird in der äußerlichen Ausprägung spürbar, in der Struktur, in den Prinzipien, die bei der Erarbeitung der Kleidung vorherrschten, oder in dem Regelwerk, das die Benutzung vorschrieb. Wie dem auch sei: man kann feststellen, daß die Anzahl und das Gewicht gleichzeitig getragener weiblicher Kleidungsstücke ab- und die Bewegungsfreiheit und Funktionalität auf allen Ebenen zunimmt. Man denke nur an die Kleiderpflege. Die Bedeutung, die das Auftauchen einer weiblichen Sportkleidung hatte, ist mehrfach unterstrichen worden, und dies zu Recht, denn in der Tat setzen sich in der westlichen Tradition die neuen Kleiderformen und die neue Art, sie zu tragen, über den Sport oder über Freizeitaktivitäten, und dies auch in der Ausgeh- oder Abendkleidung, allmählich durch. Doch die gegen Ende des 19. Jahrhunderts in Gang gebrachte Veränderung betrifft nicht nur die Modalitäten in der formalen Erneuerung des Gala-Gewands. Vielmehr wird vom großen Militärgepränge bis zum Abendkleid der Anfang vom Ende allen Pomps markiert, und dies zugunsten von Arbeits-, Sport- und insbesondere Freizeitkleidung. Sicher: in der Garderobe wohlhabender Leute wird das eine oder andere Prunkstück auf lange Zeit weiterexistieren. Aber das Besondere, die Neuheit und das Prestige gehen immer mehr auf die Sportkleidung über, auf Trainingsanzüge oder Freizeitkleidung. Obwohl die Entwicklung der Sportkleidung in der ersten Zeit neue Kosten mit sich bringt, kündigt sie doch den Verfall einer Kleiderordnung an, von der man weiß, daß sie einst eine komplexe, strikte und überaus wichtige Etikette darstellte.

Die zweite Etappe wird sicherlich durch den fortschreitenden Verzicht auf das Korsett zugunsten immerhin weniger störender Derivate (sprich: Hüfthalter oder BH) gekennzeichnet. Gewöhnlich wird die Abschaffung des Korsetts Poiret zuerkannt, doch Poiret ist wohlgemerkt nur der allgemeinen Strömung gefolgt und hat, wie der Monarch im *Kleinen Prinzen*, lediglich autoritär vorgeschrieben, was sich sowieso zu vollziehen hatte. Poirets Verdienst ist es indes, aus dieser Entwicklung die ästhetischen und kleidungsspezifischen Schlußfolgerungen gezogen zu haben.

Dritte Etappe: 1920, die Nachkriegszeit, die *années folles*; viele Dinge wären zu verbessern gewesen und wurden auch verbessert, sowohl in der eigentlichen Kleidung als auch im Lebensstil und den ihn begleitenden Umgangsformen. Ein Hauptaspekt ist die Verjüngung der Frau, auf die sich die Mode bezieht; ihr jugendliches Aussehen, die freien Umgangsformen und die kurzen Haare macht sie den Jungen ähnlicher. Diese jugendliche Frau der zwanziger Jahre hat mit der Kind-Frau des 19. Jahrhunderts nichts gemein: die Kind-Frau war entschieden weiblich, dafür aber ohne Verantwortung; das junge Mädchen oder die jugendliche Frau der zwanziger Jahre ist und will eine Junggesellin mit freien Umgangsformen sein, darauf aus, ihr Schicksal selbst in die Hand zu nehmen. Es ist auch die Zeit, da männliche Kleidungsstücke, Details oder Accessoires – Knabenkragen, Krawatten, Pullover und einiges mehr – Einzug in die weibliche Toilette halten. Aber oftmals ist es schwierig, einem relativ zusammenhängenden Ensemble auch nur ein Detail einzugliedern, ohne seine Syntax zu ändern. Für die Haute Couture muß hier der Name Chanel fallen. Chanel verwandelt das Kostüm – *das* Kleidungsstück der beruflich aktiven Frau, welches bis dahin freilich nur schmucklose Nachahmung des männlichen Anzugs war – in eine elegante und ausgesprochen weibliche Bekleidung und realisiert somit – schon zu diesem Zeitpunkt – eine Art Reintegration der Weiblichkeit in den Feminismus. Das Tragen von Pullovern und Jerseys, die sie favorisiert, geht in dieselbe Richtung, betonen sie doch die weiblichen Formen und bestätigen gleichzeitig die allgemeine Tendenz einer Annäherung an die Männerkleidung. In dieser Phase setzt sich auch das Prinzip der Zeitersparnis durch, die nicht nur mittels leicht zu pflegender Kleidung und der Reduzierung ihrer einzelnen Teile angestrebt wird, sondern auch über neue Verschlußtechniken, was ein wesentlich schnelleres An- und Ausziehen ermöglicht. Halten wir schließlich fest, daß darüber hinaus die kurzen Haare einen enormen Gewinn an Zeit gestatten.

Die vierte Etappe erstreckt sich im wesentlichen auf die dreißiger und die folgenden Jahre: es verbreiten sich in der Damenmode die Hose und andere Kleidung, die der männlichen ähnlich ist, weil sie praktisch sind (obschon in diesem Bereich Funktionalität oder Bequemheit nicht immer ohne weiteres von Bedeutungs- oder Prestigefragen losgelöst zu sehen sind). Im Verlaufe der fünfziger und sechziger Jahre wurde die Hose von immer mehr Frauen für immer verschiedenere Tätigkeiten angenommen.

Die fünfte Etappe bedeutet die Strukturveränderung der Mode. Der Übergang geht von einer extrem konzentrischen Struktur, bei der sich alles um die Pariser Haute Couture und um die progressive, in der gesamten westlichen Welt und in allen Gesellschaftsschichten betriebene Vermarktung der Modelle ordnet, hin zu einer polyzentrischen Struktur, die im wesentlichen durch die Bedeutung der USA und im weiteren durch die Tatsache charakterisiert ist, daß ein bedeutender Teil der Kleidung einen sozialen Aufstieg erfährt: von unten nach oben, von den Jugendlichen zu den Erwachsenen, vom Proletariat zur Mittelklasse, von den Dritte-Welt-Ländern zu den reichen westlichen Demokratien.

Die nachlassende Bedeutung von Rock und Kleid zugunsten der Hose hat unter anderem zwei nennenswerte Konsequenzen: zum einen tendiert die Hose – *das* Symbol westlicher Männlichkeit – dahin, ihre sexuelle Markierung zu verlieren; zum anderen hat ihr Eingang in die weibliche Mode eine Neugestaltung weiblicher Unterwäsche und die Preisgabe der Elastik, in die die Frau eingezwängt war, zur Folge.

Die sechste Etappe mit dem Auftauchen der Beatniks, anschließend mit der Hippie-Bewegung und der damit verbundenen Gegenkultur und der Anti-Mode, bedeutet einen großen Einschnitt innerhalb der westlichen Kleidung. Da es sich dabei um das kulturelle und kleidungsspezifische Milieu handelt, aus dem die Unisex-Mode hervorgehen wird, wollen wir es separat behandeln. Halten wir fest, daß sich in derselben Zeit der Niedergang der Prunkgewänder durch den überwältigenden Aufstieg des *sportswear* vollzieht. Es handelt sich dabei um ein Phänomen, das sich deutlich von dem, welches wir hier *Unisex* oder *Unisex-Mode* nennen, unterscheidet, denn *sportswear* ist kein Teil der Anti-Mode. Aber es gibt zwischen ihnen einige Vergleichspunkte, und sei es nur, daß eine bestimmte Anzahl von Kleidungsstücken, die dem *sportswear* zugeordnet werden, sich an beiderlei Geschlecht richten. In derselben Periode zeichnen sich in der niedergehenden Haute Couture und im Prêt-à-porter verschiedene Versuche ab, die männliche Kleidung auf weibliche Art neu zu interpretieren – wie die diesbezüglichen Zuordnungen Emmanuelle Khanns zeigen oder die erneute Integration männlicher Kleidung in die weibliche, und nicht zuletzt der Versuch, der weiblichen Kleidung etwas Konstruierteres zu verleihen, was sie so der männlichen näherbringt. Der Name, der hier anzuführen ist, lautet Cristóbal Balenciaga. Sein Suchen mündete in der »Collection Courrèges« von 1965, in der der kurz-strukturierte Stil lanciert wird, dem ganz allein unsere achte Etappe vorbehalten sein soll.

Der kurz-strukturierte Stil basiert auf einer Ideologie, die Courrèges formuliert hat und die Bruno Duroselle in drei Punkten zusammenfaßt:

1. Die moderne Frau ist eine Frau, die arbeitet und ein aktives Leben führt. Ihre Kleidung soll daher nicht romantische Manieriertheit, sondern Tatkraft zum Ausdruck bringen.
2. Die moderne Frau versteht sich als dem Mann ebenbürtig und wird es in Zukunft immer mehr sein. In ihrer Kleidung soll sie diese Gleichheit artikulieren. Durch eine weibliche Konzeption der männlichen Kleidung soll dies bewerkstelligt werden.
3. Die moderne Frau will alle sexuellen Tabus, die aus ihr eine Sklavin gemacht haben, verwerfen. Sie will, daß ihre eigene Sexualität, ihre erotischen Wünsche als normal erkannt und damit auch anerkannt werden. Sie muß also ihren Körper zeigen, ihn so wie er ist zur Geltung bringen können, unabhängig von irgendwelchem kleiderspezifischen Humbug.[7]

Ausgehend davon wird Courrèges so etwas wie eine Alternative zur Unisex-Mode anbieten, noch bevor diese eigentlich existiert. Diese Alternative besteht in einem Stil, der dem weiblichen Körper keinen Zwang antut, ihm eine gewisse Bewegungsfreiheit zugesteht, ihm gleichzeitig aber eine Klarheit der Konstruktion vorschreibt, welche ihn in strikten Gegensatz zur lose fallenden Kleidung rückt und ihn so der männlichen Garderobe näherbringt. Andererseits hebt er sich von dieser durch seine gewollt sexuelle Betonung ab, durch die Art und Weise, wie er die weiblichen Körperpartien freilegt, auch wenn er deren vorgegebenen Linien nicht immer folgt. Unmöglich, hier nicht den Minirock zu erwähnen, der zur selben Zeit von Mary Quant auf den Markt geworfen wurde und Courrèges' Inspiration stark entsprach. Courrèges nahm von daher nicht die Unisex-Mode vorweg, sondern stellte in gewisser Hinsicht so etwas wie ihr funktionelles Äquivalent dar. Die Forderung nach Gestaltung darf in keinem Fall als simpler Rückschritt ausgelegt werden. Sicher, es gibt keine »konstruiertere«, keine »gestaltetere« Kleidung als die aus der Zeit der Turnüre in S-Form, doch handelte es sich dabei um einen extrem einengenden Aufbau, der durch Kosetts, Haarteile und unter der Kleidung getragene Accessoires künstlich erreicht wurde und schließlich die Figur entstellen konnte.[8] Courrèges darf also keinesfalls als regressives oder rezessives Phänomen interpretiert werden.

Die neunte Etappe ist sicherlich die der Unisex-Mode selbst. Aber wir müssen zunächst auf die Anti-Mode zurückkommen, aus der die Unisex-Mode hervorging.

Von den Jeans zum Unisex

Betrachten wir nun einen kleiderpolitischen Aspekt, der anfänglich weder etwas mit Paris noch mit der französischen Mode zu tun hat, sondern vielmehr in den USA im Umfeld der Jeans aufkommt, und dessen Epopöe und soziokulturelle Wirklichkeit dem brillanten Buch Daniel Friedmanns[9] nachzuzeichnen gelingt. (Siehe dazu auch die Tabelle im Anhang.)

Seit dem Zweiten Weltkrieg wird die Jeans, die als Arbeitskleidung zugleich proletarisch und »Far West«-typisch war, immer mehr mit allerlei Konnotationen von Revolte oder Protest versehen. Zunächst durch die Jugendlichen der fünfziger Jahre, deren mythischer Archetypus von James Dean in dem Film *... denn sie wissen nicht, was sie tun* dargestellt wurde, später durch die Afroamerikaner, die im Laufe der fünfziger und zu Beginn der sechziger Jahre bei den Demonstrationen gegen Rassendiskriminierung Jeans trugen. Es ist die Epoche, in der im Umfeld der Beatniks die sogenannte Gegenkultur entsteht; die ihr entsprechende Kleidung kann seit den fünfziger Jahren attestiert werden:

> »(...) Verwaschene Blue-Jeans, Sandalen, Tennisschuhe, Anoraks und winter- wie sommertaugliche Jacken bewirkten einen Schock und eine Bewußtwerdung, die mindestens ebenso bemerkenswert waren wie die der dank Kreativität und spontaner Phantasie entstandenen Hippie-Kleidung zehn Jahre später.«[10]

In den sechziger Jahren wird die Jeans der Männer immer häufiger von Frauen getragen, und in ihr treten sie in der Bürgerrechtsbewegung an. Ganz offensichtlich war dafür vor allem die Konnotation »Männlichkeit« ausschlaggebend. Mit der Hippie-Bewegung der sechziger Jahre, in der die Kleidung von einer Ethnie zur anderen und von einem Geschlecht zum anderen frei zirkuliert, entsteht die Anti-Mode, sie wird zumindest zu einer Massenbewegung. Die herrschende Mode wird abgelehnt, weil sie als eine doppelte Verneinung begriffen wird: Verneinung der individuellen Persönlichkeit, denn sie ist vereinheitlichend, und Verneinung der tatsächlichen Rhythmen – sowohl der der Persönlichkeit als auch der der Kultur –, weil sie die willkürlich-autoritäre Institutionalisierung der Veränderung ist. Das ist ein entscheidender Punkt, der besser als jeder andere die unüberwindliche Kluft zwischen den beiden Moden zum Ausdruck bringt. Die Anti-Mode selbst birgt offensichtlich zwei Tendenzen: die eine, die allen Schnörkel, alle Kunst, alle Unterscheidung, und sei es nur die simple Unterscheidung zwischen männlich und weiblich, zugunsten einer Kleidung ablehnt, die als die elementarste und universellste wahrgenommen wird, d. h. den Jeans mit einigen Minimalaccessoires. Die andere Tendenz – barock, verschwenderisch, dekorativ und vor allem expressiv, jene, derzufolge die Kleidung ein origineller Ausdruck der Persönlichkeit des einzelnen zu sein hat – kohabitiert innerhalb der Anti-Mode mit der ersteren. Diese beiden Tendenzen tauchen mitunter gleichzeitig und manchmal auch nacheinander auf.

> »Man sah (...) Glöckchen, die am Hals, an den Knöcheln, auf dem Kopf, an den Handgelenken bimmelten, grüne und gelbe Brillen, napoleonische Jacken oder Admiralswesten, Generalshosen aus dem Sezessionskrieg, Tellermützen aus Velours im Stile Raphaels, T-Shirts, Fuchsschwänze, Dracula-Mäntel, Pollunder, lange Westernröcke, Großmuttertracht, Blumen, Halsketten und Spitzenbesatz. Der Aufstand gegen die Konsumgesellschaft war von der polemisch-defensiven Phase der Blue-Jeans in die kreativ-offensive Phase der ›selbstgemachten‹ statt ›auf-

oktroyierten‹ Kleidung übergegangen: das war eine unverschämte und zugleich pazifistische Ohrfeige für die Modeindustrie.«[11]

Doch tatsächlich wird selbst die Unisex-Mode von denen, die sie praktizieren, weder als einheitlich noch als entsexualisiert, noch als zeitlos erlebt werden, sondern als Ausdruck des – durch die Jeans noch betonten – Körpers und Geschlechts und als Zeichen von Modernität. Die Beschuldigungen gegen sie, sie sei uniform, geschlechtslos und unmöglich, werden ihr an Kleidung wie etwa den Herrenanzug und sogar an die Mode als Ganzes im Sinne des Prêt-à-porter zurückgegeben – und an die Etikette, von der sie nicht zu trennen sind.

Anders als die schwarz behemdeten Jugendlichen der Nachkriegszeit sind die Hippies weder Proletarier noch unmotivierte Rebellen, vielmehr Studenten aus der Mittelschicht, deren Protest immer präziser wird und sich im Kampf gegen den Vietnamkrieg radikalisiert. Darüber hinaus setzt sich die Hippie-Bewegung in den Revolten Ende der sechziger Jahre an den amerikanischen Universitäten fort. Auch in Frankreich kündigt der Kampf gegen den Vietnamkrieg den Mai '68 an und bereitet ihn vor.

Um den Mai 1968 herum sind die Jeans also ein männliches Kleidungsstück, das mehr und mehr von Frauen getragen wird; sie besitzt nun eine rebellische, gar linksextreme Konnotation, die mit ihrem proletarischen Ursprung in keinem Widerspruch steht, indes nicht darin impliziert ist. Vehement hält sie Einzug ins Kleinbürgertum, dort, wo sich in Amerika wie in Frankreich die Masse der Hippies und dann der rebellischen Studenten rekrutiert. Zu diesem Zeitpunkt sind die Jeans in punkto Verkauf auf ihrem Höhepunkt. Überdies bildet sich um die Jeans herum die Unisex-

Mode heraus. Schließlich ist es die Zeit, da der Begriff »Unisex« sich wie ein Lauffeuer verbreitet.

Studiert man das Angebot der Jeans-Läden, kann man feststellen, daß die Unisex-Mode in erster Linie und im wesentlichen auf die Männer-Jeans und dann auf die dazugehörigen Accessoires ausgerichtet ist, mag es sich dabei um Santiag-Stiefel, Hemden, Burlington-Schuhe, Blousons, karierte Hemden, Pullover etc. handeln.

Können nun die Jeans der siebziger Jahre der Geschichte entgehen, zu einer absolut erstarrten Formel werden und somit die Mode an ihr Ende bringen? Keineswegs! Die Anti-Mode wird ja selbst, wie wir gesehen haben, von gegenläufigen Strömungen durchzogen. Außerdem werden sich die von Frauen getragenen Jeans nach und nach feminisieren, sich an die weibliche Anatomie und Kultur anpassen; da werden sie eine Modeerscheinung. Was nicht heißen soll, daß sie verschwinden werden, sondern daß sie etwas von ihrem aufrührerischen Inhalt verlieren, aber auch, daß die Verkaufszahlen zurückgehen und sie sich auf die Gruppe der 15- bis 25jährigen beschränken werden. So wird die Unisex-Mode wieder nachlassen; der Begriff Unisex wird überleben, er wird ja heute noch gebraucht, aber er wird nach und nach alle Aura bzw. jegliche Modebedeutung verlieren.

Vom Neofeminismus zum Postfeminismus

In einem 1973 erschienenen Werk erstellten Nicole Benoît, Edgar Morin und Bernard Paillard eine Tabelle über die Frauenbewegung der Jahre 1968–1972.[12] Wir wollen hier insbesondere Edgar Morins Analyse des Neofeminismus folgen; dieser wird durch seine neuen Ansprüche charakterisiert, zuallererst durch das Recht der Frau, über ihren Körper und über alles, was die Zeugung angeht, selbst zu bestimmen. Gleichwohl bleibt dieser Neofeminismus stark von der traditionellen feministischen Konzeption der Mann-Frau-Beziehung abhängig:

> »Der Neofeminismus, der die Situation der Frau auf eine Stufe stellt mit der des Proletariers und des Kolonialisierten, reduziert sie auf die Situation eines Androiden, bei dem das Geschlecht politisiert ist, d. h. bei dem die sexuellen Beziehungen in Kräfteverhältnisse umgesetzt sind.«[13]

Da die Domäne der Macht traditionell die männlichen Vorrangs ist und der Neofeminismus das Problem in Begriffen der Macht faßt, verzichtet er darauf, das zu integrieren, was mit Edgar Morins Worten die Weiblichkeit darstellt. Gewiß, in den Augen bestimmter Leute stellt diese einen abgewerteten und kompromittierten Sektor dar, weil er durch die Modejournale und durch die Massenmedien ausgebeutet wird, weil er sich mit einer Subkultur identifiziert, die bis zum Überdruß einen Teil unseres Alltagslebens ausfüllt, die, davon abgesehen, allerdings einen nicht nur soziokulturellen, sondern auch anthropologischen Aspekt weiblicher Realität auf ihre Art zum Ausdruck bringt.

Nach Edgar Morin macht nun gerade den Sinn dessen, was sich zwischen 1967 und 1971 ereignet, die etablierte Beziehung zwischen Weiblichkeit und Feminismus aus. In den Jahren 1967–1970 kommt ein Teil der feministisch orientierten Intelligenzia den feminisierten breiten Schichten näher. Es ist eine Intelligenzia aus Ärztinnen, Gynäkologinnen und Journalistinnen, die das Problem der »Familienplanung« stellen wird, mithin, wie Morin schreibt,

> »(…) ihre Schockwelle in die breite Welle immer stärker allgemein akzeptierter und ursprünglicher Werte einfließen lassen wird, die aus dem Recht auf Glück und auf Harmonie in der Ehe bestehen.«[14]

Im Jahre 1967 gibt es in Frankreich das Neuwirth-Gesetz und den rasanten Einsturz aller Widerstände, die sowohl Konservative als auch Katholiken und Kommunisten dem Neofeminismus entgegengebracht hatten. Von 1967 ab wird die neofeministische Intelligenzia sehr rasch einen allerersten Platz im kulturellen, sozialen und medizinischen weiblichen Bereich belegen. Von da an existiert eine Osmose zwischen Feminismus und Weiblichkeit, und zu diesem Zeitpunkt beginnt, nach Morin, auch der Aufstieg des MLF* – Inkarnation des Neofeminismus, der sich nicht nur auf die Forderung nach Gleichheit in allen Lebensbereichen gründet, sondern auch auf die Forderung nach einer weiblichen Identität auf der Grundlage einer existentiellen Weiblichkeit. Die Unterscheidung, die uns hier vor allem interessiert, ist die zwischen der Breitenwelle (dem Zusammengehen von Weiblichkeit und Feminismus) und der Schockwelle (des Feminismus in der Weiblichkeit); die Schockwelle konzentrierte sich in extremistischen Splittergruppen, die Breitenwelle zeigte sich hingegen fast überall. Die Schockwelle des MLF wird eigentlich durch zwei virulente Flügel charakterisiert: einen marxistischen und einen lesbischen. Gewiß, für Morin dürfte sich die Schockwelle nicht auf die Verbindung dieser beiden Flügel reduzieren. Das war natürlich auch zum Zeitpunkt, als er seine Analyse machte, richtig, doch in den darauffolgenden Jahren wurde dies anders verspürt; diese beiden Ten-

* Mouvement de libération des femmes (d.Ü.)

denzen sollten sich so heftig bemerkbar machen, daß das Bild des MLF zutiefst davon betroffen und schließlich diskreditiert wurde.

1987, fast fünfzehn Jahre nach dieser Analyse, scheint es offensichtlich, daß das, was Edgar Morin mit »Schockwelle« umschrieb, mittlerweile verpufft ist, und es scheint auch evident – obwohl dies immer noch diskutabel wäre –, daß die Breitenwelle in ihrer ruhigen und fortdauernden Bewegung alles mit sich gezogen hat. Von daher kann man sich die Frage stellen, ob der Neofeminismus nicht auch die letzte Welle des Feminismus war und ob es nicht angebrachter wäre, heute vom *Postfeminismus* zu sprechen?

Unzweifelhaft herrscht heute in einer gewissen Anzahl von Texten, Aktivitäten und Ideen eine diffuse Ideologie vor – eine Ideologie, die man als Postfeminismus qualifizieren kann und deren hervorstechende Merkmale die folgenden sind:

1. Eine tiefgehende Identität von männlichem und weiblichem Prinzip. Eine Konfrontation beider könnte nur oberflächlich oder partiell sein (s. Elisabeth Badinter[15]);
2. Die mögliche Beendigung des »Geschlechterkampfes«, da die Machtfrage zwischen Mann und Frau sich nicht mehr stellt (s. dies.);
3. Die mögliche Emanzipation auf allen Ebenen, was Schluß macht mit dem Beharren auf typisch weiblichen Aufgaben und der Aktivierung von Schuldgefühlen (s. Axel Ganz);
4. Der für Frauen freie Zugang zu einem Wissen oder zu einem Know-how, die notwendige Bedingung für eine reelle Ausübung der Emanzipation sind.

Es zeigen sich heute eine Art Konsens, eine Art Ideologie, die von der Voraussetzung ausgehen, daß sowohl die traditionellen feministischen wie neofeministischen Ziele erreicht sind – gemeint sind nicht die extremistischen Standpunkte des MLF –, und die von daher mit dem Feminismus nichts mehr zu tun haben.

Kleider-, Jugend- und Feministensequenz

Die Unisex-Mode, bei der man ja gesehen hat, wie sehr sie historisch von der Jugend- und Protestbewegung abhing, ist absolut zeitgleich mit dem von Edgar Morin analysierten Einsetzen der Schockwelle. Von daher ist es klar, daß diese Zeitüberschneidung keine rein zufällige ist. Vom geschichtlichen Standpunkt der Frauenbewegung aus gesehen scheint die Unisex-Mode mit einem sehr präzisen und im übrigen sehr kurzen Moment zu korrespondieren, nämlich dem, da alle Dämme und Deiche, die gegen das Tragen von Männerkleidung durch Frauen errichtet worden waren, in sich zusammenbrechen. Die Angelegenheit, diese Angelegenheit jedenfalls, war damit erledigt. Mithin hatte das entschiedene Konformsein mit einer Unisex-Mode keine Berechtigung mehr. Die traditionelle weibliche Kleidung wurde ja von der Unisex-Mode nicht dauerhaft ausgeschaltet. Man konnte seitdem im Laufe der achtziger Jahre sogar eine ganze Reihe unterschiedlicher Prozesse beobachten, etwa die vom *Figaro Magazine* gepriesene »Rückkehr zum Klein-Mädchen-Look«. Daß es »regressive« Elemente sowohl in der tatsächlich getragenen Kleidung als auch in den diesbezüglichen Kommentaren geben mochte, ist evident, aber dieser Aspekt ist nicht ausschlaggebend; das Wesentliche ist, daß die Unisex-Mode einen symbolischen Bruch markiert, eine neue Kleiderära einleitet, in der die westliche Tradition gewissermaßen nur noch *eine* der praktischen Komponenten ist und der über Kleidung zum Ausdruck kommende sexuelle Dimorphismus nur eine Möglichkeit, nicht aber notwendige Bedingung ist.

Betrachten wir die zweite, die jugendlich-antikulturelle Sequenz, so können wir eine Breitenwelle ausmachen – die, wenn man nicht noch weiter zurück will, wachsende Bedeutung der Jugend im 20. Jahrhundert. Sie setzt ein mit der Pfadfinderbewegung, setzt sich fort mit den Jugendbanden der dreißiger und vierziger Jahre in den USA, aber vor allem mit der Einrichtung immer neuer Schulen, dem beträchtlichen Anwachsen der Studentenzahlen, mithin dem Auftauchen einer gewissen, mit besonderen Vorlieben ausgestatteten Altersschicht, mit der Schaffung eines entsprechenden Marktes, schließlich mit diesen medieneigenen kulturellen Inhalten wie der Comic strip, die Rockmusik und in einem geringeren Maße das Kino. Sicherlich handelt es sich um ein komplexes Phänomen; Pfadfinder, jugendliche Außenseiter, die Leserschaft der Comic-Hefte und die Studenten bilden nicht eine und dieselbe Population (bisweilen sind es gar sich ausschließende Gruppen); trotz allem zeugen all diese Phänomene von der plötzlichen Präsenz einer Altersschicht. Nun trifft auch diese breite Welle auf eine Schockwelle, nämlich die, die sich mit der Hippie-Bewegung herauskristallisiert und die, angefangen vom Kampf gegen den Vietnamkrieg und über den Protest gegen die universitären Strukturen und Praktiken, in die extrem gewalttätigen Explosionen wie die des Mai 1968 mündet. Jedenfalls kann man den Mai '68 unmöglich erklären, ohne auf die eine oder andere Art diese beiden Determinanten, die hier breite Welle und Schockwelle genannt sind, mit ins Spiel zu bringen. Die mangelnde Anpassung der Strukturen, die diese Jugend, im besonderen auf der Universität, umgeben, ist eine Sache; die Radikalisierung der trotzkistischen, maoistischen oder anarchistischen Splittergruppen, deren Rolle ausschlaggebend sein wird, eine andere. Letztere setzte offensichtlich die erste voraus, aber die erste implizierte nicht notwendigerweise die letztere.

Dritte Sequenz: die Kleidersequenz. Die breite Welle ist hier die Infragestellung gewisser Grundlagen der westlichen Kleidung seit dem 19. Jahrhundert, allem voran die einer radikalen Differenzierung zwischen männlicher und weiblicher Kleidung. Die Hauptetappen haben wir bereits nachgezeichnet. Die Schockwelle ist jetzt die Anti-Mode, die im übrigen in etwa demselben Weg folgt wie die jugendliche Schockwelle der Proteste, mit der sie aufs engste verknüpft ist. Die Unisex-Mode taucht genau in dem Moment auf, da die Schockwelle von der breiten Welle geschluckt wird, d. h. in den Jahren 1968 bis 1970, zu einem Augenblick, als die Jeans, ehedem jugendliche Protestkleidung, zur Allerweltskleidung wird, bevor sie dann zum Klassiker avanciert, und als die charakteristischen Merkmale der Anti-Mode allmählich nachlassen.

Im selben Moment schien alles, was vom System der traditionellen Mode überlebt hatte, außer Fassung geraten; man irrte von »Mini« über »Midi« zu »Maxi«, bevor man sich einige Jahre später auf das »Alles ist erlaubt« der Nostalgiewelle stürzte. Gewiß, dieses System wird auf einer neuen Basis wiedererstehen, und das wird mitnichten die Anti-Mode sein. Auch hier hat sich die Schockwelle (die Anti-Mode) zusammen mit dem traditionellen Modesystem, das sie ins Visier genommen hatte, aufgelöst.

Deutsch von Thomas Laux

1 Olivier Burgelin, »Rétro: la fortune d'un mot«, *Universalia*, Encyclopaedia Universalis, Paris 1975, S. 397–402.

2 Vgl. Daniel Friedmann, *Das Jeans-Buch*, Transit, Berlin 1988.

3 Alberto Moravia, »Die Frau und der Zollbeamte«, in: Ders., *Die Frau im schwarzen Cape*, List, München 1986. Zitiert bei Daniel Friedman, a. a. O., S. 92.
4 Paul Yonnet, *Jeux, Modes et Masses, 1945–1985*, Gallimard, Paris 1985, S. 346.
5 Alfred-Louis Kroeber/Jane Richardson, »Three Centuries of Women's Dress Fashions. A Quantitative Analysis«, *Anthropological Records*, Berkeley, University of California Press, Los Angeles 1947, S. 111–156.
6 Murray Wax, »Themes in Cosmetics and Grooming«, *Amer. Jour. of Sociology*, May 1957, LXII, Nr. 6, S. 588–593.
7 Bruno Duroselle, *La Mode*, Imprimerie nationale, Paris 1980, S. 270.
8 Marcel Proust, *Im Schatten junger Mädchenblüte*, Suhrkamp, Frankfurt am Main 1981, Taschenbuch 702, S. 252 f.
9 Daniel Friedman, a. a. O., S. 64 ff.; S. 94 ff.
10 Fernando Pivano, *Beat Hippie, Yippie*, Arcana Editrice, 1972.
11 Ebd.
12 Nicole Benoît, Edgar Morin, Bernard Paillard, *La Femme majeure. Nouvelle féminité, nouveau féminisme*, Du Seuil, Paris 1973.
13 Ebd., S. 132.
14 Ebd., S. 145.
15 Elisabeth Badinter, *L'un est l'autre*, Odile Jacob, Paris 1986.

Geschichte der Jeans, frei nach »Une histoire du blue-jean« von Daniel Friedman[1]

1853–1929. Archaische Periode. Arbeitskleidung im Far West

1853 Die legendäre Geburt der Jeans: auf die Bitte eines Goldsuchers hin fertigt ein Einwanderer (Levi Strauss) Hosen aus Zeltbahn an.

1870 Ein eingewanderter Schneider (J. W. Davis) setzt mittels Nieten Taschen auf die Zeltbahnhose eines Holzfällers.

1872 Davis verbindet sich mit Levi Strauss, um ein Patent anzumelden.

1873 Eintragung im Patentregister.

1890 Ende der Patentgültigkeit. Aufkommen der Konkurrenz.

1906 Levi Strauss stirbt. Er hinterläßt 6 Millionen Dollar.

1929–1945. Übergangsphase: eine amerikanische Sport- und Freizeitkleidung

1929 ⇒* Wirtschaftskrise. Viele Amerikaner verzichten auf ihre Europareisen und verbringen ihre Ferien auf den *Dude Ranches* des Westens, wo sie Jeans für die Freizeit und den Sport entdecken.

1935 ⇒ Im Sport setzt sich die Hose für Frauen durch.

1935 Eine Levi-Strauss-Reklame in der Zeitschrift *Vogue* zeigt Jeans, die von eleganten Frauen getragen werden.

1939 Studenten tragen Jeans auf dem Universitätscampus und in den Städten. An der Universität von Oregon wollen Studenten des 2. Semesters den Erstsemestlern die Jeans verbieten.

1945–1970. Die jugendliche Protest-Jeans in Europa. In Richtung auf die Unisex-Mode

Westeuropa

1945 Die GIs führen die Jeans in Europa ein. Sie wird alsbald in den Discountläden der amerikanischen Streitkräfte verkauft.

* Der Pfeil ⇒ bedeutet: plus die folgenden Jahre.

1950 Die Jeans für Kinder kommt auf, zunächst im Westen, dann im Osten der USA, danach in Europa. Diverse Verbote in den schulischen Einrichtungen überall.

1954 James Dean trägt Jeans in *Rebel without a Cause* (dt.: *… denn sie wissen nicht, was sie tun*).

1955 Die Beatniks tragen Jeans.

1955 Die Schwarzen aus den Südstaaten, für die die Jeans bereits Arbeitskleidung war, tragen sie auf den Demonstrationen gegen Rassentrennung. Auf den Bürgerrechtsdemonstrationen werden sie ebenfalls, auch von Frauen, getragen.

1965 Gleiches gilt für die Demonstranten gegen den Vietnamkrieg.

1966 Die Hippie-Bewegung lehnt jegliche Kleiderdiskriminierung (und damit die der Geschlechter) ab.
Die Proteste an den Universitäten und der Kampf gegen die Krieg in Vietnam verschärfen sich.

1968 Die Jeans wird bei den Mai-Unruhen getragen. Sie setzt sich im Ostblock gegen die staatlichen Autoritäten durch, wobei Markenjeans selten und teuer bleiben.

1969 Unisex-Mode.

Nach 1970. Die Jeans in der Welt in unterschiedlichen Bedeutungszusammenhängen

Westliche Welt

1970 Mehr und mehr Unisex-Jeansläden.
Multiple Neuinterpretation der traditionellen Jeans:
– bei den Designern
– in der Werbung

– bei Kommentatoren (Journalisten, Soziologen etc.)

1977 Begeisterung für spezielle Marken. Diversifizierung.

1980 ⇒ Aufkommen neuer Firmen (insbesondere für die weibliche Jeans), Suche nach einem Markenbild.

Die Werbung verzichtet auf die Mythen des Far West (mit Ausnahme von Levi Strauss, der das moderne Far West einführt, mit Touristen, Autostraßen etc.).

Entwicklung verschiedener stilistischer Verfahrensweisen (etwa: *stonewashed*, künstlich auf alt gemachte oder geflickte Jeans).

1981 Aufblühen der Neo-Jeans-Läden.

1982 Beschränkung der Jeans-Mode vorzugsweise auf die Altersklasse der 15- bis 25jährigen.

Stagnation der Jeans. Aufkommen der *slacks* (der bequemen Hausanzüge).

Die Jeans wird zum gängigen Konsumprodukt (ein sogenanntes *basic*).

1986 Erneute Hochzeit der Jeans.

1 Ramsay, Paris 1987.

JEAN-PAUL ARON

Die äußere Erscheinung – ein Trauerspiel

Im 19. Jahrhundert ist das äußere Erscheinungsbild zweideutig, es zeigt vor und beweist doch nichts. Monsieur Prudhomme, der stolz wie Artaban über die Boulevards schreitet und am hellichten Tage in seinem Gang, seiner Körperhaltung und in seinem Anzug die 1789 eroberte und 1830 untermauerte Würde zur Schau stellt, steht nicht außerhalb jeden Verdachts. Wenn er nun einen Defekt verheimlichte, wie Ärzte ihn in unseren Eingeweiden aufdecken? Und was, wenn er unter Weste und Paletot, beide ohne Fehl und Tadel, dreckige Unterwäsche anhätte?

Zumindest hütet sie irgendein Geheimnis, Unterwäsche als solche ist keine Schande, sie ist nicht dazu verurteilt, das darüber Getragene zu kompromittieren: sie hat ihre guten Eigenschaften, sie weist Schätze auf. Das 19. Jahrhundert pendelt zwischen äußerer Prunkentfaltung und Intimsphäre, alles liegt offen und ist gleichzeitig in sich verkapselt, es werden Schloßmauern nur deshalb niedergerissen, um die Alkoven zu schonen.

Zwischen den beiden Weltkriegen des 20. Jahrhunderts schmückt sich »das Äußere« mit anderen Reizen. Die weibliche Garderobe mit den kürzeren Kleidern, nunmehr ohne Unterrock und Korsett, befreit den Körper. In weniger als zwanzig Jahren setzt sich der Sport in den herrschenden Klassen durch. Im Ton einer moralisierenden Ideologie gutheißt das Pfadfindertum Stärke, Geschicklichkeit und Gewandtheit bei den bürgerlichen Kindern. Auf den für die Massen noch gesperrten Stränden macht sich immer schamloser die Nacktheit breit.

Nach dem Zweiten Weltkrieg werden sich in Frankreich im Zusammenhang mit einem im ganzen Westen einsetzenden Prozeß zwei Rechte durchsetzen, deren Konsequenzen kaum absehbar sind. Zum einen, ab 1946, das auf Krankenversicherung, zum anderen, in den fünfziger Jahren, das auf Nahrung für alle, ermöglicht durch die ökonomische Expansion, die im Laufe des 19. und in der ersten Hälfte des 20. Jahrhunderts die himmelschreiende Distanz zwischen Mittellosen und Wohlhabenden verringert. Über zwei Königswege wird der Körper, d. h. der Gemeinkörper, der eine Körper, zu einem ganz besonderen Wert erhoben – Präambel für eine Epoche, die nach und nach die Verbote zugunsten ihrer revolutionären Souveränität aufhebt.

Ab 1950, mit der Geburt des Club Méditerranée, profiliert sich die Fratze eines lockeren und robusten, athletischen und gebräunten Ferienkörpers heraus – ein für jedermann zugängliches Regelwerk der Perfektion. In den sechziger Jahren brütet die Sexualität über ihre Emanzipation. In den siebziger Jahren ist dies abgeschlossen, und der Körper kann seiner Überheblichkeit freien Lauf lassen.

Strahlender Körper und Askesekörper

Das ausgehende 20. Jahrhundert gebiert einen kollektiven Narzißmus, eine ungewöhnliche Ästhetik der Selbstliebe, die ihre Dekrete auf den Mann ausdehnt – und das ist eine beachtliche Veränderung. Vor einhundert Jahren war der Mann etwas Abstoßendes, zumindest unter seinesgleichen, ein widerliches Wesen, bei dem man sich fragt, unter welchem Vorwand und zu welchem Preis die Frauen, jene Schmuckstücke der Schöpfung, Lustgefühle haben können, ohne dabei

Ekel zu empfinden. Beiden Geschlechtern zugefallen, wird Schönheit nunmehr zu einer allgemeinen Praxis und erprobt sich als notwendige Bedingung sozialer Beziehung. Gebunden an die Zivilisation der allerorts im täglichen Leben banalisierten und stereotypisierten Nacktheit – im Theater, im Kino, in den Massenmedien – betrifft sie das Detail ebensosehr wie das Ganze, den Rücken, die Beine, die Schenkel, die Arme oder den Po. Am Strand oder in den Stadien, in den Turnhallen oder ganz einfach auf der Straße übt sie eine permanente Diktatur aus, verwirrt oder erniedrigt dabei jene Männer oder Frauen, die sich ihrer Macht nicht beugen wollen. Sie verwandelt sich in einen Diskurs, füllt die Zeitungen aus und vertraut die unerschöpfliche und exorbitante Darstellung ihrer Reize den Bildern an.

Keine Schönheit ohne Gesundheit. Das gesundheitliche Gütezeichen ist die Form, ein Fetischbegriff, der die Lebensgewohnheiten durcheinanderbringt und neue Verhaltensweisen schafft. Von Amerika aus schwappt eine Welle des Neuen nach Europa hinüber. Bodybuilding- und Fitness-Center haben in den gehobeneren Vierteln ihren Stellenwert. Und seit vier oder fünf Jahren dringt die Bewegung auch unwiderstehlich in die unteren Klassen ein. Man vergleiche einmal die ersten Urlaubsphotos oder -filme mit nackten Körpern aus den Jahren 1936, -37, -38 mit unseren Photos nach 1975. Zuvor: das Bild einer Klassengesellschaft, ein unsympathisches Volk, das dem harmonischen Schauspiel der Reichen gegenübersteht. Heute: standardisierte Körper im Bewußtsein ihrer Plastizität.

Die Jugend fungiert als ihr Label, als wichtigster Trumpf der Gesundheit. Seit dreißig Jahren stellt der Westen alle Chronologie auf den Kopf. Wir leiden an Gedächtnisschwäche, woraus sich im Kulturbereich ein Überangebot an Retrospektiven und Enzyklopädien herleitet. Der Augenblick ist das Normale, ein Trugbild der Dauer, ein Regime von Spot, Flash und Clip. Die Jugend ist der geeignete, provisorische, unerbittliche, signifikative wie triumphierende Ausdruck der eingeschobenen Kurzmeldung. Mehr als nur ein Lebensabschnitt bedeutet Jugend, einer Innung anzugehören, zu der alle jungen Leute der Welt gehören. Ein Volk, das durch die Rock- und Popmusik, durch ihr Outfit, ihre Sprache, doch vor allem durch das Interesse an Selbstdarstellung geeint ist. Vom Teint, von den Zähnen, den Haaren oder der Figur wird nur das Allerbeste gezeigt. Selbstgefälligkeit drückt sich in jedem Alter aus, bei den älteren Menschen in Form einer Autonomie per Imitation: Universitätskurse, Ferien, Freizeit und Leibesübungen bei den über Sechzigjährigen. Es ist eine Identifikation, die um so pathetischer ausfällt, als das Alter stark favorisiert ist und die Menschen immer älter werden – dies natürlich zum Schaden der Jüngeren, die für den Geburtenrückgang büßen müssen. Und sie ist um so widersprüchlicher, als sie den Tod ausschließt und die gesamte Gesellschaft in den Traum von ewiger Jugend mit hineinreißt, in dem man den Verheerungen einer kopflosen Zeit und der Gewalt einer auf wirbelnde Ereignisse reduzierten Welt entkommen kann.

Es ist ein Leistungskörper, der einem beliebten Lexikon zufolge über sich selbst hinauswächst, im Glanz erstrahlt und »gut abgeht«. Ob Profisportler oder Amateur, man ist auf Höchstleistung versessen. Sie wird nicht mehr nach Mut, sondern nach Rekorden bewertet; und diese nach ihrer Bewältigung von Raum und Zeit, diese Spielverderber, diese Hindernisse für unser Begehren. Immer höher: man sehe sich einmal die Hochsprünge an. Immer weiter: Sprünge, Würfe, Kugelstoßen. Immer kräftiger: Golf, Tennis. Vor allem

»immer schneller«, der kategorische Imperativ lautet, in einem Atemzug Entfernung und Dauer auszulöschen: um die Wette laufen, schwimmen, Auto, Fahrrad, Boot fahren, Verfolgungen, Ralleys. Bis hin zum neuerdings von der Stoppuhr traktierten Alpinismus. Eine Ära der Großtaten im Gleichklang mit der Technik. Virtuosität tritt bei den Musikern, Schriftstellern, Tänzern anstelle der abgedankten Inspiration. Erstaunt es Sie, daß sie gerade bei den Schlittschuh- und bei den Wasserskiläufern derart vorherrscht? Bei den meisten Menschen ist die sportliche Leistung nicht wettbewerbsfähig, man spielt den Wettbewerb. Das zeigt sich jeden Sonntag oder 14 Tage im Jahr im Club Méditerrannée oder im Bois de Boulogne in Form einer leidenschaftlich-intensiven Erregung, als Einheit von Erscheinung und Prestige, als Erhebung des Körpers in ein privilegiertes Objekt symbolischen Konsums.

Ein schmerzhaftes Vergnügen, denn man solle nicht glauben, der Körper käme so billig davon. Schon seit dreißig Jahren ist die westliche Psyche von einem Abmagerungskomplex betroffen, er besetzt von vornherein alles, die Titelseite der Zeitungen, die Schaufenster der Buchhandlungen, überschwemmt die Werbung, beherrscht die Emotionen, füllt die Berichterstattungen der Ernährungswissenschaftler und Ärzte, die der Couturiers und der Vertreter der Körperkultur. Das hat ökonomische Auswirkungen, schafft einen Industriezweig: Salons für Bodybuilding, Massage und Thalassotherapie. Es erzeugt Verhaltensweisen und Mythen.

Schlankheit als Prinzip der Verführung. Im 19. Jahrhundert hat ein Unternehmer, ein Mann mit Verantwortung, noch dick zu sein: ein Mann mit Gewicht ist ein Mann von Gewicht. Speckpolster machen eine Frau appetitlich. In der heutigen Zeit sind beide Geschlechter in der Phobie des Dickwerdens gefangen.

Zwei prinzipielle Techniken bieten sich an, diesem Herr zu werden. Zum einen intensive sportliche Betätigung auf empirischer Basis: Gehen, Schwimmen, Sauna, sich erschöpfen, auf welche Art man will, das alles mit Methode und unter Anleitung von Experten in diesen mit Koketterie getränkten Etablissements. Zum anderen: eine Diät. Schreiben Sie das Versagen ihrer Ausstrahlungskraft der exzessiven Ernährung zu! Ein fürchterliches Drama für eine Gesellschaft, in der seit 1960 die Schwelgereien der Reichsten als Ausdruck von Lebensqualität gelten. Nun muß man sich also entscheiden: entweder die Schlemmerei und das drohende Bäuchlein, oder aber das frugale Essen und die gerettete Linie. Das Gastronomiegewerbe zieht daraus seine Lehren, so mit der Nouvelle Cuisine und ihren Miniportionen, dem Wegfall der Saucen, der Vorliebe für junges Gemüse, der Diätetik des leichten Essens. Die Medizin unterstützt die herrschende Ideologie, indem sie einmal allen Zucker, das andere Mal alles Fette, schließlich beides zusammen untersagt. Sie empfiehlt, permanent wachsam zu sein, strikt die eigene Maschinerie zu kontrollieren, um ihr, sei's mit 40, mit 50 oder mit 60 Jahren, wenn sich die Physiologie immer zögerlicher für so etwas hergeben will, das Aussehen eines jungen Menschen zu erhalten. In diesem Punkt ist die Mode ein unfehlbarer Regulator. Hemden und taillierte Jacken bestrafen jeden Freßsack erbarmungslos.

Die körperliche Entfaltung zollt auch dem Leiden Tribut. Das Ausdauertraining, dieses Martyrium, gründet seine Rekorde auf Verhaltung und nicht mehr auf Verausgabungen. Klammheimlich wird die schnelle Leistung durch die der Ausdauer in den Schatten gestellt. Das Prestige der Disziplinen hat sich in den letzten Jahren geändert. Der 100-Meter-Lauf der Männer hat sein Monopol eingebüßt, dafür gewinnt der

Langstreckenlauf an Ansehen. Beim Radsport oder bei der Formel 1 zeigt sich dieselbe Bestrebung zur Effektminimierung, um lange an der Spitze bleiben zu können. Der Marathonlauf schreibt seine Legende gegenwärtig in New York und Paris und versucht, bis zu den Olympischen Spielen damit hausieren gehen zu können. Und schließlich sind da noch die Jogger, die, wenn sie die Parks und Wälder am Stadtrand bestücken und in kompletter Verachtung der Umwelt die Trottoirs der großen Straßen benutzen, die Berufung zum Durchhaltevermögen, den Pakt mit der Schinderei und der Lust an sich selbst alles in einem verkörpern.

Singularität und Unterschiedslosigkeit

Untrüglich ist das äußere Erscheinungsbild in den letzten drei Jahrzehnten vielseitiger geworden. So wie die Substanz bei Leibniz oder die Individualität bei Bergson ist auch das Aussehen unvergleichbar: kein Grashalm gleicht dem anderen. Die Originalität ist kein Luxus, sondern Mittel für das Gefühl eigener Präsenz.

Kleidung, Frisuren, Schmuck, Verhaltensweisen sind dem Ungehorsam unterworfen. Die Mode stellt in der fortdauernden sozialen Gruppe das Element der periodischen Variation dar. Aber unsere Abweichungen sind maßlos. Seit zwanzig Jahren wirken sich die permanente Aufmüpfigkeit, die Zerstörung der Hierarchien und das Überschreiten der Tabus auf das äußere Erscheinungsbild aus. Indem es sich ständig verändert, verwirrt es unseren Blick. Denn dieser verliert sich, hat keinen Halt. Wenn die Kaufgesellschaft ins Wanken gerät, wenn es vorbei ist mit dem Überfluß, bringt die sofort durch die blitzschnelle Technologie und die Ökonomie des Marktes vereinnahmte Kultur die Kunst der äußeren Erscheinung hervor.

Haare bis auf die Schultern. Blumengeschmückte Zöpfe bei den Mädchen, Jesus-Bärte bei den Jungen. Schlaksige Bewegungen. Woll- und Satinkleider aus Patchwork. Rosa gefärbtes Velours. Verwaschene Jeans mit weitem Schlag, ausgefranst und mit allerlei Verzierungen versehen, etwa mit Namen von Popgruppen oder mit Sprüchen, die Gewaltfreiheit fordern. Ansichten und Tätigkeiten, die sich auf Komplizenschaft gründen: Leben in der Gemeinschaft, Zurück zur Natur, Gruppentherapien, Schlafen auf öffentlichen Rasenplätzen, vegetarische Ernährung, apolitische Einstellung, Jimi-Hendrix-, Psychodelic- und LSD-Kult, Verzückungen, Nostalgierausch und Indienfieber.[1]

Alsbald geht der Hippy-Pop-Mode die Luft aus, aber sie erlöscht nicht vollkommen. Anfang der siebziger Jahre wird sie wieder von der Jugend vereinnahmt, der städtischen Lebensweise angepaßt und von ihrem Mystizismus befreit: Es ist die Zeit der *Babas* mit ihren langen verfilzten Haaren. Der Brustumfang ist kleiner als der des Beckens (Sport ist faschistisch). Verschlissene Jeans, die unten weit ausgestellt sind. Ausgetretene *Clarks*. Lang gestrickter, mauvefarbener Schal. Dicker Wollpullover, pseudomilitärischer Parka (eine Reminiszenz an die Demos), metallbeschlagener Ring.[2]

Ein Derivat der *Babas* sind die *Coolen*. Angesichts des Horrors und der Ungerechtigkeit in der Welt flüchten sie in eine von Drogen getragene Lethargie. Sie haben langes verdrecktes Haar, favorisieren tunesische Backwaren, Demos, Neil Young und Folk-Rock, engagiertes Theater, betreiben Che-Guevara-Kult und Besteckdiebstahl in den Restaurants.[3]

Eine andere Abart der *Babas*: die *Harten*, mit dreckigen Haaren, abgewetztem schwarzem Leder, mit Basketballschuhen oder Santiagstiefeln. Neigung zu unbebautem Gelände und zu Getränkeautomaten; halten Kontakt zu autonomen und zu linksextremen Gruppen. Trinken ihr Bier in Fernfahrerkneipen. Nehmen Amphetamine. Betreiben eine zynische Ausbeutung nicht resozialisierbarer Gruppen.[4]

Eine Variante der *Babas*: der Intellektuelle mit einer Frisur im Afro-Look, trägt dünne, auf alt gemachte, in Gold und Eisen gefaßte Brillen, hat ein rundes, biederes Gesicht, trägt Hawaihemden, einen verwaschenen Jeans-Overall mit Känguruh-Taschen und Schuhe mit ganz flachen Absätzen.

Eine andere, weibliche Variante der *Babas*: die Reiche. Sie hat rötlich-blonde Locken, ein entspanntes, ungeschminktes, aber gepflegtes Gesicht: eine Gesichtsmaske. Dicker, viel zu großer skandinavischer Wollpullover, himmelblaue Jeans mit einem kleinen Rand oberhalb der Wade, dicke, rot-weiß gestreifte Wollsocken, schwedische Holzschuhe. Sie trägt einen Weidenkorb über den Schultern, in dem sich eine Free-Jazz-Platte und ein semiologischer Essay von Julia Kristeva befinden. Ernährung durch Quittenmarmelade, hergestellt von einem befreundeten Pärchen, das einen Bauernhof in der Provence aufpoliert, sowie durch Naturreis.[5]

Das führt uns in die Mitte der siebziger Jahre. Beginn des Zeitalters der Leere. Die Jugendlichen, diese unersetzbaren soziologischen Reflektoren, erheben sie in zwei zusammenhängenden und irreduziblen Folgen zu einer Modalität des Aussehens.

Mit den Punks vollzieht sich 1976 die außergewöhnliche Begegnung des Körpers mit der Geschichte, deren Chaos sie verkünden. Angesichts der sich auflösenden Realität werden sie weder subversiv noch straffällig. Ihr Haß und ihre Wut kommen aus Verzweiflung und dem gereizten Bewußtsein, daß die Dinge unerbittlich abgedankt haben. Zu erkennen ist dies an den kurzen rosa-, orangefarbenen oder grünen Haaren und dem Irokesenschnitt; mit in Fett getauchten Fingern wird das Haar eingeschmiert. Sie haben einen aschgrauen oder fahlen Teint und auf der Wange Narben von Verletzungen, die auf das Einführen von Sicherheitsnadeln zurückzuführen sind; das Ohr ist mit einer Art Schlüsselring durchstochen; ihr Hals ist eher zart und wird bei den Jungen durch eine Kette mit Vorhängeschloß, bei den Mädchen durch ein nägelbeschlagenes Hundehalsband zur Geltung gebracht. Die Augen sind die schmächtiger Straßenkinder. Enge, direkt auf den Hals gebundene Krawatte, zumeist aus schwarzem Leder, auf einem halb zerrissenen, den Bauchnabel frei lassenden Unterhemd. Bild eines Gehengten, dem man gerade erst den Strick abgeschnitten hat. Übliche Praktiken: sich unter Gleichgesinnten gegenseitig anspucken; kotzen, brüllen, sich besaufen; furzen, rülpsen, scheißen, so etwa auf den Vorstadtfeten, den Cocktails im Hotel Crillon, bei den Galaabenden der Kommunistischen Partei, den Elternabenden, den studentischen Vollversammlungen, den Frauenvereinigungen und den politischen Zusammenkünften.[6]

Die mit Trägheit geschlagene, von ihnen niedergebrüllte Geschichte schweigt sich indessen aus. Daher konnte die Punkmode auch nicht überdauern. Zu Beginn der achtziger Jahre wird sie durch den New Wave abgelöst, und darin zunächst durch die Strömung der *Harten*: Gewalt besteht hier im »So-tun-als-ob« – beste Entsprechung für das persönliche Nichts und den allgemeinen Schein. Das Losungswort der New Waver lautet: »Ebene«, Simulation einer Epoche, einer gesellschaftlichen oder professionellen Kategorie, die darin besteht, die anderen an der Nase herumzuführen durch eine Komödie, die um so kohärenter ist, als sie sich inauthentisch weiß. Beispiel: die »Roboterebene«: der New Waver tanzt in immergleichen Zuckungen und mutterseelenallein auf einer ansonsten proppenvollen Tanzfläche. »Ebene Dritter Weltkrieg«: statt das nukleare Zeitalter kämpferisch zu denunzieren, wird es nachgeäfft: zu jeder Tageszeit hat man den Anti-Strahlen-Anzug an, die Gasmaske am Gürtel. »Narziß-Ebene«: da dem New Waver Einsamkeit und Autarkie keine Angst machen, stellt er sie für alle sichtbar als die Wahrheit der Illusion zur Schau: pomadisiertes Haar à la Valentino, künstliche Nelke im Knopfloch; weiße, perlmuttbestickte Baumwollhandschuhe zum Frack und dazu Stock. »Chirurgen-Ebene« oder Ebenen »Drittes Reich«, »Priester im Zivil« und »Japanischer Tourist«, – ob »hyperharter« oder »supercooler« New Waver, ob piekfein und mit guten Manieren oder als Skinhead, ob auf die sanfte oder die brutale Art, ob kultiviert oder unanständig, alle Kombinationen sind möglich, es gibt keinerlei Grenzen für die Spinnerei, weil sie nicht vorgibt, irgend etwas darzustellen oder zu machen, sondern nur so tut »als ob«.[7]

Durch die Suche nach der Besonderheit um jeden Preis »untergräbt« die junge Generation die gängige Mode, etwa die der Krawatte. Keine zu haben, ist *baba;* sie mit engem Knoten zu tragen, ist *punkig;* mit einem zu dicken Knoten ist *abgedreht;* zu sehr Stil fünfziger Jahre ist *New Wave*. Die »Fun-Mode« mokiert sich über diese Debatten: ihre grelle Krawatte zeigt eine Skipiste, ein mexikanisches Cabaret oder ein Schiff, das im Hafen einläuft. Unerschütterlich wirbelt die Fun-Mode die Perspektiven durcheinander. Doch wenn sie den New Wave auch verdrängt – der Täuschung entgeht sie nicht, sie handhabt sie unter den Zeichen der fünf Kontinente, die in ihren durcheinandergeratenen Arsenalen umherwirbeln.

Das Gewimmel der Arten und der Manieren gehört zu dem Neuheitenfieber, das sich nach dem Zweiten Weltkrieg der westlichen Industriestaaten bemächtigt hat. Ein Ding jagt das andere, entwertet es, um die Geschäfte in Gang zu bringen, und auch, weil sein Gebrauch instabil ist, weil es aus dem Projekt seines Todes geboren wird, weil es sich als Konsumphänomen in eine Serie einschreibt, bei dem jedes Zielobjekt dem vorherigen zum Nachteil gereicht. Die Gebildeten folgen dieser Bewegung, seit dreißig Jahren funktioniert sie in Frankreich im Rhythmus des Marktes, der die Modernität mit der Gegenwart verwechselt. Die äußere Erscheinung, die gleichzeitig nicht aufgehört hat, Institutionen und Gewohnheiten aus der Festung Körper und Jugend heraus zu provozieren, wurde buchstäblich vom Schwindel des Augenblicks erfaßt. Sie gibt sich ihm in einer Art permanenter Erregung hin. Der Modenarr genießt den Augenblick, die im unaufhörlichen Verschwinden befindliche Zeit. Zu einem anderen Modenarren verhält er sich wie zu einem neuen, noch nie dagewesenen Spielzeug: sein Genie besteht darin, die anderen Modelle – *hippy, pop, baba cool* und *baba hard* oder *new wave* – in seine Mode einzubeziehen, sie aufzunehmen, ohne sich zu kompromittieren, denn er bevorzugt die neue Bourgeoisie des Marketings und des Managements ebenso wie Coca-Cola, moussierende Mandarinbäder, neue Garderobe, den Komfort, die Unterhose, die er ganz unerwarteterweise akzeptiert (womit er den Slip, vor allem den zehn Jahre lang vergötterten Mini-Slip, nun von sich weist), den Videorecorder und das Fastfood.

Aber diesen Verrücktheiten muß man seinen Stempel aufdrücken, für sie braucht es einen Exklusivitätsbeweis, der den Unterschied radikal heraushebt und die eigene Schöpfung gutheißt. Dies schafft der *Look* – Slogan und Energiesensor –, dem die Jugendlichen, Frauen, Künstler, Couturiers, Friseure, Visagisten, Schmuckhändler, Ärzte und schließlich alle sozialen Akteure angehören.

Der *Look*, das ist der Körper-als-Spektakel oder besser, in der Einschätzung der New Waver, der Körper-als-ob. Es ist die absolute Äußerlichkeit, das Äußere des Äußeren, die herausgeforderte Intimität. In voller Symbiose mit der Welt der Signifikanten ächtet er im Handumdrehen Subjekt und Zeit. Der Look ist reine Form, welche weder aus einem Willen noch aus einem Gefühl hervorgeht, sondern aus diesen schlußfolgert und sie mechanisch verändert. Jean d'Estrées gibt das Gesicht einer von ihrem Mann vernachlässigten Frau wieder. Die beiden finden erneut zueinander. Nun hat sie die Oberhand, und ihr Gatte ist eifersüchtig. Eine Veränderung im Aussehen war dafür ausreichend.[8] Diese Veränderungen sagen nichts über die weitere Zukunft aus. Wir empfinden die Vergangenheit nicht mehr und visieren die Zukunft lediglich über Programme an, die aus ihr Erwartungen, Hoffnungen und Ängste ziehen. Wenn der jeweilige *Look* mit der Geschichte spielt – Nostalgiekleider, Stilmischungen der Art, daß die Mode Mitte der achtziger die der vierziger Jahre einbezieht –, ist ihm nur eine parodistische oder unernste Rolle zugestanden.

Bleibt nur, daß in dem Strudel der Impulse, in diesem ständigen Fließen und Aufblitzen, in denen die einzelnen *Looks* umherwirbeln und sich aufreiben, jeder *Look* auf seiner eigenen Wesenheit besteht. Das ist eine Kopernikanische Wende: in einer sinnentleerten Welt maßt sich das Zeichen eine Autonomie an. So ist es die Funktion des Trugbildes, Sein durch Nichts herzustellen. Den Ansprüchen des *Looks* auf Exklusivität stellt sich mithin alles entgegen.

Die üppig wuchernden, wirren und sich überstürzenden, wie in einem Delirium aufeinanderfolgenden Moden unterziehen das Verhalten und den Firlefanz der Garderobe einem tyrannischen Muß der Anpassung. Das Terrain, das sie erobern, ist indes keiner besonderen Spezies vorbehalten. Und diese beteiligen sich an einem vorgegebenen Motiv. So hat Paul Yonnet, dessen Werk *Jeux, Modes et Masses* zu den besten

Büchern gehört, die ich je über diese abdriftende Epoche gelesen habe, unrecht, hier antimodellierernde Tugenden am Werk zu sehen.[9] Und wenn er dort die Unmöglichkeit der Verstellung entdeckt, dann wegen einer verallgemeinerten Unbedeutung: wenn Wahrheiten fehlen, dann gibt es keine Betrügereien mehr, nur noch Typologien. *Punk, Baba, Pop* oder *Fun*: man macht mit oder läßt es sein. Der jeweilige *Look* macht nur in dem prekären eigenen Umfeld etwas her.

Daher die Monotonie, die Uniformität, die Ununterscheidbarkeit jener »Spektakel-Körper«. So wie auf der Tourenkarte Entfernungen schwinden, Namen austauschbar werden, Horizonte sich ineinanderschieben; so wie man kurzerhand entscheidet, nach Sizilien oder nach Kreta, nach Singapur oder nach Thailand, nach Bahia oder nach Yucatán zu reisen, so neutralisieren sich die Verhaltensweisen, die Frisuren, die Unternehmungen und die heterogene Kleidung in der Gleichartigkeit einer Sprache. Die disparaten Signifikanten, über die sich die nicht vergleichbaren *Looks* zum Ausdruck bringen, sind nur abstrakte Vorrichtungen, d. h. Operationsschemata, die sich innerhalb eines standardisierten Diskurses organisieren. Bei diesem *Baba* mögen die struppigen Haare, die zerschlissene Jeans, das Indiohemd noch so sehr und ohne die geringste Chance eines Arrangements mit dem Blouson und dem T-Shirt eines Modegecken aus Passy oder Auteuil kontrastieren – ihre Kleidung versinkt in einem Vokabular, dessen Wörter unaufhörliche Vertauschungen betreiben, ohne dabei freilich weder Einheit noch Struktur der Looks, die ein für allemal durch die sie konstituierenden Elemente festgelegt sind, zu zerstören.

Seit dreißig Jahren unterstützt der sexuelle Unimorphismus die Nivellierung dieser pseudodiversen Welt auf entscheidende Weise. Alles beginnt freilich sehr viel früher, um 1880 herum in England, und zwar mit

Redferns Kleidern, die ein zugeknöpftes, an die Herrenweste erinnerndes Oberteil aufweisen. Das Ganze explodiert zwischen 1905 und 1920 mit Poiret, der der Frau mehr Bewegungsfreiheit gibt und sich eine Unisex-Unterwäsche ausdenkt. Alle Welt begeistert sich an dem Kostüm von Chanel, dessen Jacke von der Offiziersweste inspiriert ist. Es folgen die Hemdbluse, der Strandpyjama, die Tellermützen, der Regenmantel, mit dem sich die Frau die männliche Kleidung aneignet. Alles kulminiert dann nach 1950, mit den von den Mädchen nach dem Beispiel der Jungen adoptierten Bluejeans – Beweis für die weltweite und unvergleichliche Ausdehnung des Abenteuers Mode.

Ab 1960 erfolgt mit der Feminisierung der Kleidung und, allgemeiner, der männlichen Erscheinungsweise der umgekehrte Weg: Tunika, sportliche Linie der Hosen, denen des Harems ähnlich, Accessoires, Firlefanz, Schmuck, Ringe, Ohrringe, Herrenparfums, die in Hülle und Fülle von Modehäusern für Frauen auf den Markt geworfen werden. Und nicht zu vergessen: die Unterwäsche, deren Boom Anfang der siebziger Jahre und deren Aufwertung und Versnobtheit nicht nur eine Höherentwicklung mütterlicher Wünsche und der der Freundinnen oder Ehefrauen darstellt, die als allererste dieses unauffällige Kleidungsteil erstehen, sondern auch eine tiefgreifende Veränderung im Verhältnis der Männer mit ihrer Umgebung und mit sich selbst. Einen eleganten Slip zu tragen heißt auch, über den Vorteil zu verfügen, ihn zeigen zu dürfen, sich seiner wie einer Badehose, deren Schnitt und Farben der Slip kopiert, bedienen zu können, heißt, sich innerhalb der Familie mit diesem simpelsten Ding entspannen zu können. Ein Austausch von Know-how: in den achtziger Jahren übernehmen die Frauen die Unterhose, die von der schicken Männerwelt rehabilitiert und wieder geheiligt wird, weil die Gecken sie einforderten. Glaubt man der Werbung der Galeries Lafayette, dann ist sie »praktisch für den Strand, bequem bei der Gymnastik, kuschelig im Bett und ein Knaller für die Stadt« – kurz, der Hit des Sommers 1984, der zu Hunderttausenden an begeisterte Frauen verkauft wird.[10]

Kodes und Regeln

Wie die Rock- und Popmusik dehnt sich heutzutage alles, was mit dem äußeren Erscheinungsbild zu tun hat, weltweit aus, überschwemmt alle Grenzen, Ideologien und Mentalitäten. Es fällt mitunter schwer, einen Ausländer als einen solchen zu erkennen, denn Aussehen und Aufzug werden international immer ähnlicher. Das reicht hin bis zu den sich frenetisch westlichen Gebräuchen verschreibenden Japanern, die sich trotz unauslöschlicher Charakteristika auf die anthropologische Ausdruckslosigkeit ihrer Umwelt ausrichten. Es ist mir passiert, daß ich in einem Restaurant oder auf der Straße zweimal hinsehen mußte, um einen Japaner mit Sicherheit als solchen ausmachen zu können.

Die persönliche Ausstrahlungskraft verliert in dem Hin und Her der Mode, die Individualitäten schwinden zugunsten eines sich gnadenlos aufdrängenden Gruppeneffekts. Die Jugendlichen unterliegen einer weit verbreiteten, falschen Vorstellung vom Dandytum. Sie sehen in dem Dandy einen Künstler des äußeren Scheins, während er sich der Zurschaustellung doch gerade verweigert. Sie fassen ihn als permanenten Provokateur auf und verkennen dabei, daß er sich durch die Seltenheit, die Ausnahme und die Ablehnung des Extravaganten definiert. Somit entspringt das Massen-Dandytum[11], das die Herablassungen einer Oligarchie dem Konsens einzelner Narzißmen opfert, einem Phantasma. Da werden Sein und Schein verwechselt, und die stereotypen Varianten verblassen unter der Vormacht gekünstelter Besonderheiten: ich erinnere nur an »New Balance 555« von Jean-Rémy Daumas, bestehend aus einer Sarwal-Hose, einer Tunika und einer künstlichen Stickerei mit antiker und exotischer Anleihe. Da das äußere Erscheinungsbild aus der Regel ausschert und damit dem Selbstschutz entgeht, übernimmt es nur zu gern das Regiment der Kodes; und die Einhaltung dieser Kodes tritt an die Stelle des blinden Gehorsams, die Vorschriften setzen sich nicht mehr hierarchisch durch, sondern über die Gemeinschaft, der man anhängt. Ihr Bewegungsraum ist begrenzt, sie spielt mit den Vorgaben, ohne sich ihnen zu entziehen, sie stellt sich auf sie respektvoll ein, erlaubt Unterscheidungen nur über das Alter. Die Leiden des strahlenden Körpers, die Gleichmachung ungleicher Körper finden über die höhere Bestätigung durch das Regime des Jungseins eine Erleichterung oder die Möglichkeit, sich abzuheben, zudem eine nie versiegende Quelle der Utopien.

Deutsch von Thomas Laux

1 Hector Obalk, Alain Soral, Alexandre Pasche, *Les Mouvements de mode expliqués aux parents*, Paris 1984, S. 21.
2 Ebd., S. 81.
3 Ebd., S. 91.
4 Ebd., S. 97.
5 Ebd., S. 102–105.
6 Ebd., S. 204–207, 293.
7 Ebd., S. 253–258.
8 Jean d'Estrées, *La Beauté, mon aventure*, Paris 1972, S. 105.
9 Paul Yonnet, *Jeux, Modes et Masses, (1945–1985)*, Gallimard, Paris 1985, S. 363.
10 Ebd., S. 346.
11 Ebd., S. 347.

FRANÇOIS DE NEGRONI

Distinktion zum Gebrauch für die Masse

Die zügellose Lust auf zierendes Beiwerk hat alle Bereiche erfaßt und ist der Grund aller Arten von Korruption, insbesondere bei den unteren Klassen.

Comtesse de Genlis, »L'Esprit des étiquettes et des usages anciens comparés aux modernes«

Ich bin die Butte-aux-Cailles rauf und runter marschiert, ohne auf den Schatten deiner blauen Augen und deiner zierlichen, rosa BCBG-seersucker-Silhouette zu stoßen. Ich suche dort weiter nach dir ...

Anzeige aus Libération

Die Anstandsregeln der französischen Großbourgeoisie sind zu keiner Zeit durch Bekehrungseifer gelenkt worden. Selbst in ihrer Hochzeit im 19. Jahrhundert besaßen sie kaum mehr als eine regulierende Funktion nach innen. Natürlich geben sie vor, ein Ensemble formeller Regeln zum Ausdruck zu bringen, das sich gut für die sittliche und moralische Belehrung des Individuums eignet. »Jede Klasse sollte neben allem anderen noch diese leichte Übung pflegen«, regt die Baronin Staffe scherzhaft aus ihrem Nähstübchen heraus an, zu lesen im Vorwort ihrer berühmten Betrachtungen über die gesellschaftlichen Umgangsformen in aller Welt. »Denn«, so beeilt sie sich hinzuzufügen, »wir befinden uns immerhin in der glücklichen Epoche schnellen Reichtums und raschen gesellschaftlichen Aufstiegs.« Das heißt, sie begrenzt das Feld ihrer pädagogischen Bemühungen bereits auf seinen sozial ergiebigsten Teil, den jene Elite besetzt, die vom Spiel der Bereicherungen, Verschwägerungen und Adelungen unmerklich vereinnahmt wurde und für die es sich als unabdingbar erweist, zu einer minimalen Kodifizierung des Geschmacks und des Anstands zu gelangen.

Die vorgeschriebenen Modelle verweisen jedenfalls auf eine kulturelle und ökonomische Praxis, die viel zu herausgehoben ist, als daß sie woanders hätte Widerhall auslösen oder heimisch werden können: ob es sich nun um das richtige Verhalten gegenüber dem Privatlehrer, die Behandlung der Domestiken, das Aufsuchen Notleidender, die Organisation des Lunch oder einer Gartenparty handelt – die jeweiligen Standardsituationen dieser Handbücher entspringen einem alltäglichen Lebensstil, der für die meisten ganz sicher unerschwinglich ist.

Freilich bleibt noch diese normative Rolle begrenzt. Da die Anstandsregeln gern parodistisch benutzt und zum Gegenstand beißend kommentierter Lesungen der Schloß-Soirées gemacht werden, können sie nicht genügen, um die Neuankömmlinge weiterzubilden; bloßes Buchwissen um die mondänen Regeln richtigen Verhaltens setzt den Anerkennung Heischenden nur dem Spott und dem Sarkasmus aus.

> Er hat niemals in der Welt gelebt *(so die ironische Bemerkung der Comtesse de Genlis)*. Er würde gerne überzeugend darstellen, daß er die gesellschaftlichen Gepflogenheiten kennt und daß er deren Stil bewahrt hat. Er hat ein paar Werke gelesen, in denen er ein getreues Abbild der großen Welt zu finden glaubte, und er hat alle Mängel, die Sie an ihm sehen, angenommen …

Statt aller Proselytenmacherei wäre es also die wahre Funktion dieser Regeln, eine unüberschreitbare Grenzlinie zu ziehen: den vulgären Typus dazu zu bringen, daß er instinktiv seinen Platz beibehält – indem man ihm die notariellen Bedingungen, die ihm den Atem verschlagen können, aufzählt –, und dem Rest der Gesellschaft das Bild einer abgeschlossenen Welt zu liefern, bei der klar ist, daß man sie so einfach nicht nachäffen kann.

Ein kürzlich erschienenes Buch, der Leitfaden *BCBG*[1], nimmt sich nun aber gerade vor, die Distinktion in die Gewohnheiten der Masse zu integrieren, womit es mit dieser sektiererischen Tradition vollkommen bricht. Auf den ersten Blick unterscheidet sich dieser Führer nicht von seinen zahllosen Vorgängern. In ihrer Nachfolge will er, wenn schon nicht die Geheimnisse, so doch wenigstens die Schlüsselworte für den Eintritt in die große Welt liefern, und so beschreibt er detailliert die Kodes, die Gewohnheiten, die ausgesuchte Ästhetik, den Look, welche 1986 zweifelsfrei von Chic und feiner Art zeugen. Doch wenn er diese Anstandsregeln auch durchweg in einen Kontext stellt und sie in einen bestimmten sozialen Raum ansiedelt und somit ausweist, nimmt er ihnen paradoxerweise jegliches Merkmal legitimierter Monopolstellung, um sie als Modephänomen anzusehen und in einem Katalog von Vorschriften eingehen zu lassen. Ja, noch mehr: er raubt ihnen den Nimbus und banalisiert den Zugang. Die Distinktion wird nicht mehr einzig und allein an der Einmaligkeit einer Stimme, am Timing des Handkusses oder an den geschliffenen Tischmanieren dingfest gemacht; sie wird vielmehr in bestimmten Kleidungs-, Möbel- oder Lebensmittelgeschäften ausgehandelt, stellt sich öffentlich über gewisse kulturelle Hobbys zur Schau, beweist sich durch das kollektive Aufsuchen bestimmter Orte. Vom Autor ordnungsgemäß als Markenzeichen eingetragen, dient *BCBG* für einen ganzen Absatzmarkt von Gegenständen, Symbolen und Adressen als Gütesiegel und bezeichnet einen Stil, ein Leben und eine Handhabung, deren finanzieller Aufwand allein es vermag, die gesellschaftliche Selektion zu betreiben.

Ihre bewußt nicht eindeutige Ansicht zu dem Wechselverhältnis zwischen Angeborenem und Erworbenem diente der zeitgenössischen Bourgeoisie als das sicherste Mittel der Abschreckung. Distinguiert war man durch sein Blut, bevor man es durch Takt sein konnte. Von nun an gehört man zu *BCBG* per simple Willensbezeugung als Konsument. »Jedermann kann zur Elite gehören« *(sic)*, heißt es am Beginn des Buches ganz offiziell. Man braucht also keineswegs eine genetische Transzendenz geltend machen, noch auf ontologische Beweise zurückgreifen: es genügt schon, den überreichlich gelieferten Ratschlägen dieses bebilderten Assimilationsverfahrens geflissentlich zu folgen, das, mit einem abschließenden Test zur Unterstützung des Lesers versehen, diesem Klasse in 16 Lektionen und in Konfektionsgröße garantiert ... Sicherlich distanziert sich die Bourgeoisie davon, und zwar in diesem Fall im Namen ihrer »imaginären Souveränität«, mühelos lästert sie über das, was sie vorgeblich als eine entliehene oder karikaturistische Version ihres eigenen Habitus betrachtet; was nichts daran ändert, daß ihre Schutzmechanismen wirkungslos geworden sind und daß zum ersten Mal das Recht auf Nachäfferei nicht nur toleriert, sondern verordnet ist.

Der immense Erfolg dieses Buches beruht offensichtlich auf keinem Zufall. Diese Initiationsliteratur ist nicht mehr die rigide Darlegung einer Baronin, darauf bedacht, ihre Klassenbesonderheit zu bestätigen, sondern – dies wird durch einen Zulieferer verraten – das Brevier neuer Verhaltensweisen, ein *Gault et Millau**

* Einer der bekanntesten französischen Gastronomieführer, der seine Vorlieben mit der Verteilung von »Kochmützen« illustriert – je mehr, desto besser (d. Ü.)

der Sitten und Gebräuche, der einer Nachfrage entspricht, die nunmehr über die ökonomischen Mittel dazu verfügt. Man muß freilich feststellen, daß diese Nachfrage im wesentlichen auf eine Rehabilitierung konventioneller Modelle hinausläuft und dies innerhalb der Bourgeoisie eine tiefe Veränderung in den Einstellungen und in den ideologischen Strategien freisetzt. Seit seinem Auftauchen in den siebziger Jahren ist der Begriff *BCBG* mit pejorativen Konnotationen versehen. Da er einen veralteten, übelriechenden Geruch von sich gibt und einen überkommenen und verklemmten Sozialtypus qualifiziert, wird er von der jüngeren, auf freien Konsum setzenden Generation mit Spott überschüttet und dient ihr als Kontrastbegriff. Die Bourgeoisie ist zu diesem Moment voll damit beschäftigt, die geregelte Unterwanderung ihrer eigenen Werte zu betreiben, alles als ungültig abzutun, was sie auf archaische kulturelle Bestimmungen festlegen könnte. Unfähig, sich durch eine dauerhafte Ethik zu reproduzieren, ist sie bemüht, in einer erklärten Widerlegung ihrer selbst die diese Reproduktion favorisierenden Gegenwerte zu ermitteln. Im Namen des Lustprinzips und des Kampfes für die Liberalisierung der Sitten organisiert sie die Liquidierung alter Tabus, unterstützt sie die Emanzipationsarbeit des Sohnes bei seiner Rebellion gegen die autoritäre Moral des Vaters. Sie privilegiert und arrangiert die Themen von Libido, Spiel und Außenseitertum, um die herum sich die Rituale, die Gesten, die Freizeitbeschäftigungen, eine mondäne Dynamik, eine Philosophie der Modernität artikulieren und die als Siege über das Prinzip der Repression erlebt werden.

»Die Strategie des Neokapitalismus besteht darin, das Modell überschreitenden Konsums in die Mittelklassen einzuführen«, schreibt Michel Clouscard.[2] Die permissive Kultur wird in der Tat wesentlich dazu beitragen, die aus dem Aufschwung und den ökonomischen Veränderungen der Nachkriegszeit hervorgegangenen sozialen Gruppen zusammenzuführen und zu homogenisieren. Nach dem Einbezug der Mittelklassen als Kader sind diese von der jahrhundertealten Verpflichtung entbunden, immer wieder zu investieren, und können ihr Leben ohne das Halseisen tugendhafter Normen leben und Zutritt zum Markt des Begehrens erlangen. Über diese Mittelklassen nun werden die fortgeschrittenen Modelle des neuen Anstands verbreitet; dieser ist – da der Bourgeoisie nichts besser gefällt, als sich in ihren eigenen Zeichen anfechten zu lassen – nunmehr autorisiert, alles zu sein oder nichts, bloß nicht *BCBG*.

Diese Periode kontrollierter Übertretung, die sich durch die 68er Unruhen herauskristallisierte, geht heute ihrem Ende entgegen. Die Forderung nach Freizügigkeit wurde bis zum Überdruß befriedigt, und aufgrund der durch die Krise geschaffenen ideologischen Leere stellt es sich nunmehr als dringlich dar, andere kulturelle Optionen herauszuarbeiten, andere Bedürfnisse zu schaffen und zu nähren. Der hohe Kurswert von *BCBG*, die Ergiebigkeit traditioneller Referenten in der Hitparade offiziell anerkannter Verführungen und parallel dazu der Wertverlust einer Ästhetik des Protests bilden die soziologischen Indikatoren der aktuellen Ausrichtung. An die Stelle einer pseudosubversiven sozialen Integration tritt immer mehr eine pseudoelitäre, die dieses Mal darauf zielt, sich in der massenhaften Anwendung der Distinktion zu vereinen. Mit Mai 1968 hatte die Bourgeoisie den Mittelklassen einen echten 14. Juli und eine historische Bewußtwerdung beschert; sie gewährt ihnen gegenwärtig die symbolischen Mittel, sich sozial und politisch als Vormachtstellung zu begreifen. Einzig die äußeren Formen ändern sich. Und ebenso ihre anerkannten Vorschreiber: den trickreichen Propheten und den behaarten alten Kämpfern der libertären Illusion folgen auf sanften Sohlen die »cleanen« jungen Leute des *BCBG* für jedermann.

Diese tendenzielle Verkehrung der Trägermodelle verweist schließlich direkt und exemplarisch auf die Bourgeoisie als Klasse. Es ist kein Zufall, wenn dieselben harten Fraktionen, die sich über die Liberalisierung der Sitten erregten, sich nun gegen die deplazierte Trivialisierung ihrer Privatübungen empören. Der Kapitalismus hat keine Strategie, er *ist* eine, und die Bourgeoisie ist unfähig, sich als historischen Willen zu begreifen und eine machiavellische Vision ihrer ureigenen Interessen zu erlangen. In beiden Fällen wohnt man vielmehr einem Akt ideologischer Kommerzialisierung bei, der über die kämpferischen Inhalte hinaus zunächst einer Logik des Profits gehorcht. Eingeschlossen in dieser Notwendigkeit kann die Bourgeoisie gar nicht anders als sich zu verkaufen – und sei ihr Charme noch so diskret. Die indiskrete Beförderung der Distinktion auf das Level der Supermärkte illustriert dies wohl auf das beste.

Deutsch von Thomas Laux

1 Thierry Mantoux, *BCBG, le guide du bon chic bon genre,* Paris 1985. – Ein Leitfaden für guten Ton und gute Manieren in der Art des »Knigge«. (d. Ü.)

2 Michel Clouscard, *Le Frivole et le Sérieux,* Paris 1978, S. 95.

ZU DEN AUTOREN

JEAN-PAUL ARON (1925–1988): War Directeur d'études an der Ecole des hautes études en sciences sociales in Paris.
Hauptsächliche Veröffentlichungen: Le mangeur du XIX siècle, 1973/Les Modernes, 1984.
Dt.: mit Roger Kempf, Der sittliche Verfall. Bourgeoisie und Sexualität in Frankreich; Suhrkamp, Frankfurt a. M. 1982/Der Club der Bäuche, Klett-Cotta, Stuttgart 1993.

MARIE-THÉRÈSE BASSE: Mitarbeiterin am Centre National de la Recherche Scientifique, spezialisiert auf Arbeitssoziologie, lange Zeit Assistentin von Georges Friedmann.

ODILE BLANC: Historikerin, spezialisiert auf Garderobebräuche im Mittelalter.
Veröffentlichungen: La parade du corps vêtu, 1993.

OLIVIER BURGELIN: Außerordentlicher Professor an der Ecole des hautes études en sciences sociales. Spezialisiert auf Soziologie und Geschichte der Mode.

JEAN-JACQUES COURTINE: lehrt französische Kulturgeschichte an der Universität von Santa Barbara (Kalifornien).
Spezialisiert auf die Geschichte der Körper- und Redepraktiken.
Letzte Veröffentlichung: mit Claudine Haroche, Histoire du visage, 1988.

VÉRONIQUE NAHOUM-GRAPPE: arbeitet an der Ecole des hautes études en sciences sociales zur Ästhetik des Körpers.
Veröffentlichung: La Culture de l'ivresse, 1991.

FRANÇOIS DE NEGRONI: forscht zur Geschichte der Lebensweise und der Manieren.
Veröffentlichung: La France noble, 1974.

PHILIPPE PERROT: betreibt vor allem soziologische Forschungen zum 19. Jahrhundert, beim Fonds national suisse de la recherche scientifique der Universität Genf.

Veröffentlichungen: Le Travail des apparences ou les transformations du corps féminin, XVIIIe–XIXe siècles, 1984 / Les Dessus et les Dessous de la Bourgeoisie, 1981 / Le Corps féminin, 1991.

MARIE-CLAUDE PHAN: Forscht über Verhalten und Empfinden in der Moderne.
Veröffentlichung: Les Amours illégitimes – Histoires de séduction en Languedoc (1676–1786), 1986.

JEAN-CLAUDE SCHMITT: Directeur d'études an der Ecole des hautes études en sciences sociales.
Veröffentlichungen: Les Sains et les stars: le Texte hagiographique dans la culture populaire, 1983 / La raison des gestes dans l'Occident médiéval, 1990
Dt.: Der heilige Windhund: die Geschichte eines unheiligen Kultes, Klett-Cotta, Stuttgart 1982 / Die Logik der Gesten im europäischen Mittelalter, Klett-Cotta, Stuttgart 1992 / Heidenspaß und Höllenangst. Aberglaube im Mittelalter, Campus, Frankfurt a. M. 1993.

GEORGES VIGARELLO: Directeur d'études an der Ecole des hautes études en sciences sociales.
Veröffentlichungen: Le Corps redressé, 1978 / Le Propre et le Sale, 1985 / Le Sain et le Malsain, 1993.

Dorothea Keuler

Undankbare Arbeit.

Die bitterböse Geschichte der Frauenberufe.

In einer männerdominierten Gesellschaft zahlt sich Frauenarbeit nicht aus. Wie unentbehrlich und hochwertig Frauenarbeit auch sein mag, man(n) findet immer ein Argument, das die Unterbezahlung und Geringschätzung – oder beides zusammen – rechtfertigt, rechtfertigen soll. »Dienen lerne«, so heißt's bei Goethe, »beizeiten das Weib«.
Ob im Mittelalter oder im ausgehenden 20. Jahrhundert: die Strategien der Abwertung und Ausgrenzung ähneln sich auf bestürzende Weise. Anhand einiger typischer Frauenberufe – in der Hauswirtschaft, im Heil-, Pflege-, Sozial- und Dienstleistungsbereich, in der Textilherstellung und -verarbeitung – wird gezeigt, wie Frauen systematisch aus selbstbestimmten und lukrativen Tätigkeiten verdrängt oder erst gar nicht zu ihnen zugelassen wurden.

Trotz des betrüblichen Gegenstandes: gerade Frauen bietet diese »bitterböse Geschichte der Frauenberufe« eine keineswegs triste, vielmehr aufklärerisch-witzige Lektüre. (Und Männer können beim Lesen sowieso nur lernen.)

»Ein wichtiges Buch: kenntnisreich und subtil.« *Ginger Feld, Frankfurter Rundschau*

»(...) kein jammernder Aufschrei, sondern eine kurze, gut lesbare und streckenweise höchst amüsante Studie.« *Ulrike Bäuerlein, Pforzheimer Zeitung*

»Eine engagierte und anregende Darstellung mit großem Unterhaltungswert.« *ekz-Informationsdienst*

123 Seiten br. mit mehr. Abb.
24,80 DM / 194,– öS / 26,10 sfr
ISBN 3-89308-193-3

Attempto Verlag

RECLAM BIBLIOTHEK

Über Deutschland

Schriftsteller geben Auskunft

Herausgegeben und mit einem Vorwort von
Thomas Rietzschel
176 Seiten. RBL 1486. 20,– DM
ISBN 3-379-01486-9

Fünfzehn Schriftsteller machen sich Gedanken über Deutschland, äußern sich zur Lage der Nation, über die von Politikern Verläßliches schon lange nicht mehr zu erfahren ist. In hier erstmals veröffentlichten Essays, Reden, Reportagen betrachten und reflektieren die Autoren »Deutsche Zustände«. Wie bereits vor zweihundert Jahren in einer Preisschrift geschehen, die sich mit den »Hindernissen des Selbstdenkens in Deutschland« befaßte, versucht man, Positionen und »Barrieren im Geiste« neu zu beschreiben. Es sind kontroverse Denkergebnisse, zu denen die Autoren finden, wenn sie Anstoß nehmen an Gegenwärtigem.

Mit Texten von: Günter de Bruyn, Kurt Drawert, Horst Drescher, Jirí Gruša, Thomas Hettche, Wolfgang Hilbig, Sarah Kirsch, Wulf Kirsten, Günter Kunert, Herta Müller, Chaim Noll, Thomas Rosenlöcher, u.a.

RECLAM BIBLIOTHEK

Victor Klemperer
LTI
Notizbuch eines Philologen

303 Seiten. RBL 278. 12,– DM
ISBN 3-379-00125-2

Kompositorisch ist dies eine dokumentarische Montage, was erklärt, weshalb man LTI unter immer neuen Aspekten lesen kann. Es ist Zeitgeschichte als Sprachgeschichte, aber auch ein Psychogramm des Widerstands; es ist eines der wenigen Zeugnisse jüdischer Überlebender innerhalb Hitlerdeutschlands, aber LTI ist auch profunde Analyse der geistigen und kulturellen Voraussetzungen des Mitläufertums ... Die einzigartige dokumentarische Substanz des Buches, durch die es zu einem der lebendigsten Lehrbücher zur Ideologie des Faschismus wird, besteht darin, daß hier exemplarische Ausschnitte aus der Alltagskommunikation im Dritten Reich festgehalten sind. Die »Lingua Tertii Imperii« ist mehr als eine Menge typischer Vokabeln, Wendungen und Stilfiguren – sie ist ein komplexes Bedingungsgefüge gesellschaftlich bestimmter Verhaltensformen, innerhalb derer die sprachlichen Ausdrücke als Mittel und Indikator fungieren.

Ewald Lang in: Osnabrücker Beiträge zur Sprachtheorie